Ram Charan

Was Tante Emma und Rockefeller gemeinsam haben

*Für alle Mitglieder meiner Großfamilie –
zwölf Geschwister und Vettern, die fünfzig Jahre lang
unter einem Dach gelebt haben und deren persönlicher
Opferbereitschaft ich Ausbildung und Studium
verdanke.*

Ram Charan

Was Tante Emma und Rockefeller gemeinsam haben

Die universellen Gesetze des Geschäftserfolgs

REDLINE WIRTSCHAFT
bei verlag moderne industrie

Die Deutsche Bibliothek – CIP-Einheitsaufnahme

Charan, Ram:
Was Tante Emma und Rockefeller gemeinsam haben :
die universellen Gesetze des Geschäftserfolgs / Ram Charan.
Aus dem Amerikan. übers. von Dr. Helga Höhlein und Brigitte
von Werneburg. – München : Redline Wirtschaft bei
Verl. Moderne Industrie, 2002
   Einheitssacht.: What the CEO wants you to know <dt.>
ISBN 3-478-37240-2

Copyright © 2001 by Ram Charan
Social Operating Mechanism^{sm} is a servicemark of Ram Charan

Published by Crown Business, New York, New York. Member of the
Crown Publishing Group.

This translation published by arrangement with Crown Publisher,
a division of Random House, Inc.

© 2002 Redline Wirtschaft bei verlag moderne industrie,
80992 München
http://www.redline-wirtschaft.de

Alle Rechte, insbesondere das Recht der Vervielfältigung und Verbreitung sowie der Übersetzung, vorbehalten. Kein Teil des Werkes darf in irgendeiner Form (durch Fotokopie, Mikrofilm oder ein anderes Verfahren) ohne schriftliche Genehmigung des Verlages reproduziert oder unter Verwendung elektronischer Systeme gespeichert, verarbeitet, vervielfältigt oder verbreitet werden.
Umschlagfotos: Getty Images; Mauritius
Umschlaggestaltung: Grafikhaus, München
Satz: Redline Wirtschaft, M. Zech
Druck: Himmer, Augsburg
Bindung: Thomas, Ausgburg
Printed in Germany: 37240/080201
ISBN 3-478-37240-2

Inhaltsverzeichnis

Danksagung 7

Vorwort 11

Teil I
Business-Verstand 15

1. Jack Welch in den Fußstapfen des Straßenhändlers 17
2. Alle Unternehmen sind im Prinzip gleich 31
3. Das Unternehmen in der Gesamtschau 67

Teil II
Business-Verstand in der realen Welt 79

4. In einer komplexen Welt sorgen Führungspersönlichkeiten für Durchblick 81
5. Wertschöpfung bedeutet mehr als Geld verdienen 95

Teil III
Praktische Umsetzung im Geschäftsalltag 115

6. Mitarbeiterführung erfordert Mut 117
7. Die Organisation muss entscheidungsfähig sein 143
8. Erfolg im Geschäftsalltag 153

Teil IV
Ihre persönliche Agenda 163

9. Ihre Rolle auf der Business-Bühne 165

Lob für „Was Tante Emma und Rockefeller gemeinsam haben" 177

Über den Autor 181

Stichwortverzeichnis 183

Danksagung

Dieses Buch gehört im wahrsten Sinne des Wortes sowohl meinen Geschwistern und Vettern, die, ohne je dafür ausgebildet worden zu sein, tagtäglich die universellen Gesetze des Unternehmers praktizierten, als auch den vielen dörflichen Ladenbesitzern in Indien und anderen Ländern, die jeden Tag ihres Lebens gesunden Business-Verstand unter Beweis stellen. Vieles habe ich von ihnen gelernt, indem ich ihnen einfach nur zugesehen habe. Aber nicht nur sie waren meine Lehrmeister, sondern auch einige der besten CEOs der Welt, die sich bereit fanden, mir Einblick in ihre Arbeits- und Denkweise zu gewähren: Ich bin ihnen zutiefst dankbar dafür. Welch unglaubliche Lernerfahrung war es für mich, Jack Welch über einen langen Zeitraum zu beobachten und zu sehen, wie er, immer denselben Gesetzen folgend, die zwölf oder mehr verschiedenen Geschäftsbereiche von GE auf ihre Kernelemente hin durchleuchtete, dabei jedes Mal auf unterschiedliche Probleme stieß und unterschiedliche Lösungen dafür fand. Auch andere große Unternehmenslenker und Führungspersönlichkeiten räumten mir das Privileg ein, ihre Denkweise mitzuverfolgen. Zu denen, die mir halfen, die Ideen für dieses Buch zu entwickeln, gehören Jac Nasser, bis 2001 CEO von Ford, Dick Brown von EDS, Larry Bossidy, früher bei GE und AlliedSignal, Bob Nardelli von GE Power Systems, John Reed, früher bei Citigroup, Lois Juliber von Colgate, Mike Sears von

Boing, Chad Holliday von DuPont, Ivan Seidenberg von Verizon, Bill Conaty von GE und John Trani von Stanley Works.

Besonderen Dank schulde ich Jac Nasser, CEO von Ford, von dem ich viel gelernt habe und der mich darin bestärkte, die universellen Gesetze unternehmerischen Denkens aufzuschreiben, damit sie jeder Ford-Mitarbeiter nachvollziehen kann. Er und David Murphy, William Swift, Jim Padilla und Al Ver, alle ebenfalls bei Ford, verhalfen mir zu vielen unschätzbaren Einsichten.

Zu großem Dank verpflichtet bin ich John Joyce, der keine Mühe scheute, dieses Buch für Menschen mit unterschiedlichstem Erfahrungshorizont lesbar zu machen. Danken möchte ich auch Leonard Hill und Gary D'Lamater für ihre von Anfang an großzügige Unterstützung, und Charlie Burck für seine kritischen Anmerkungen. Bob Brady und John Galli waren mir ebenfalls große Hilfen.

John Mahaney, verantwortlicher Lektor bei Crown Business, hat mich während des gesamten Schaffensprozesses mit Begeisterung unterstützt und redaktionell meisterhaft betreut. Ich danke ihm und seinen Mitarbeitern Chip Gibson, Steve Ross und Will Weisser, dass sie mir so großzügig ihren Sachverstand „geliehen" und dazu beigetragen haben, dieses Projekt zu verwirklichen.

Geri Willigan ist mit mir auf diese Reise gegangen und hat ihre einzigartige Fähigkeit eingebracht, komplexe Zusammenhänge zu erfassen und sie in eine klare, einfache Sprache zu gießen. Ihre Anregungen, ihr hingebungsvolles Interesse an dem Projekt und ihre professionelle Fähigkeit, dem Buch Kontur zu geben und es

Danksagung

verständlich zu machen, sind höchster Anerkennung wert. Ich bin ihr zutiefst zu Dank verpflichtet.

Vorwort

Versetzen Sie sich einen Augenblick zurück in Ihre Schulzeit. Erinnern Sie sich noch an Ihren besten Lehrer? An denjenigen, der alles in seinem Fachgebiet zu wissen schien und das besaß, was allen anderen Lehrern abging: die Fähigkeit, die Komplexität einer Disziplin – ob Psychologie, Wirtschaft oder Chemie – so auf den Punkt zu bringen, dass es bei Ihnen wirklich „funkte". Andere Lehrer mochten noch so fundierte Kenntnisse und fantastische Zeugnisse gehabt haben, aber ihnen war es nicht gegeben, den Stoff so zu vermitteln, dass Ihnen wirklich ein Licht aufging. Anstatt etwas Kompliziertes einfach erscheinen zu lassen, schafften sie genau das Gegenteil – sie machten es noch komplizierter und noch schwerer verständlich.

Ich stehe seit etwa 40 Jahren im Geschäftsleben, zunächst als Kind in dem kleinen Laden meiner Eltern in Indien, dann als Ingenieur in Australien. Später, nach meiner Übersiedlung nach Amerika, lehrte ich an der Harvard Business School und an der Kellogg School der Northwestern University und wurde Berater von CEOs und Führungsgremien in großen und kleinen Unternehmen rund um den Globus. Dabei konnte ich feststellen, dass die besten CEOs – diejenigen, deren Firmen Jahr für Jahr gutes Geld verdienen – mit den besten Lehrern vergleichbar sind. Sie besitzen die Fähigkeit, einem Unternehmen das Komplexe und Geheimnisvolle zu nehmen, indem sie sich auf bestimmte Kernelemente konzentrieren. Und sie sorgen dafür, dass *jeder* Mitarbeiter, nicht nur ihre Kollegen auf der Chefetage, diese Kernelemente versteht. Natürlich können Sie argumentieren, dies liege in ihrem ureigenen Interesse, da es einem Unternehmen und seinem Geschäftsführer nur zugute komme, wenn jeder über das *Wie* und *Warum* in einem Unternehmen Bescheid wisse. Doch nicht nur der CEO ist Nutznießer. Auch die Beschäftigten profitieren, weil sie sich so ihrer Arbeit stärker verbunden fühlen und mehr Zufriedenheit aus ihrer Tätigkeit schöpfen. Und wenn es dann noch gelingt, das Unternehmen zu *profitablem* Wachstum zu führen, das heißt, wenn sowohl der Umsatz (das, was über dem Strich steht) als auch der Gewinn (das, was unter dem Strich steht) Jahr für Jahr zunehmen, steigen auch die Chancen der Mitarbeiter, auf der Karriereleiter nach oben zu klettern und mehr Geld zu verdienen.

Eigentlich ist das Geschäftsleben sehr simpel. Es gibt universelle Business-Gesetze, die immer Gültigkeit haben, ganz gleich, ob Sie einen Obststand betreiben oder ein Unternehmen aus der Liste der Fortune 500 leiten. Erfolgreiche Unternehmenslenker kennen diese Gesetze. Sie haben das, was ich gesunden *Business-Verstand* nenne – die Fähigkeit, die wirtschaftlichen Eckpfeiler eines gesunden Unternehmens, ob eines Tante-Emma-Ladens oder eines Großunternehmens, zu durchschauen. Auch Sie können sich mit den Kernelementen eines jeden Unternehmens – Gewinnmarge, Umschlaggeschwindigkeit, Rendite, Wachstum und Kunden – vertraut machen. Sie können selbst Ihren eigenen Business-Verstand entwickeln. Dies mag zwar alles kompliziert klingen, ist es aber nicht. Denken Sie noch einmal

Vorwort

an Ihren Lieblingslehrer, etwa im Fach Chemie. Nachdem Sie einmal verstanden hatten, dass sich ein Atom aus Protonen, Elektronen und Neutronen zusammensetzt, verfügten Sie über das Fundament zur Lösung jedes weiteren Chemieproblems. Ich möchte Ihnen zeigen, dass dies im Geschäftsalltag nicht anders ist: Wenn Sie um die fundamentalen Gesetze des Geschäftserfolgs wissen, verstehen Sie die Arbeits- und Wirkungsweise eines jeden Unternehmens.

Ich habe dieses Buch geschrieben, um Sie an meinen langjährigen Erfahrungen in der Unternehmenswelt teilhaben zu lassen, als ich Gelegenheit hatte, einige der erfolgreichsten Persönlichkeiten des Business in ihrem Denken und Handeln zu beobachten. Sie, lieber Leser, werden feststellen, dass ihr Vorgehen, mit dem sie ihre Unternehmen und Mitarbeiter in die Weltspitzenriege geführt haben, grundlegende Gemeinsamkeiten aufweisen. Natürlich bestehen Unterschiede zwischen den einzelnen Firmen, aber wenn Sie die erfolgsentscheidenden Kernelemente verstehen, wie sie allen Unternehmen gemeinsam sind, verfügen Sie auch über das Grundgerüst zum Verständnis Ihres eigenen Unternehmens.

Ob Geschäftsführer eines Spitzenunternehmens oder Inhaber eines Einmannbetriebs – beide denken in denselben Kategorien. Sie kennen ihre Kassenlage. Sie wissen, welche Produkte oder Dienstleistungen gewinnbringend sind und welche nicht. Sie sind sich im Klaren darüber, wie wichtig es ist, dass ihre Produkte in den Regalen ständig zu- und abfließen (Lager-Umschlaggeschwindigkeit), und sie kennen ihre Kunden. *Ihr* Geschäftsführer möchte, dass *Sie* wissen, wie diese erfolgsentscheidenden Elemente in Ihrem Unternehmen aussehen und zusammenwirken. Wenn Sie ein paar Stunden in dieses Buch investieren, haben Sie den Einstieg schon geschafft.

RAM CHARAN Januar 2001
Dallas, Texas

Anmerkung: Alle Titel und Positionen von erwähnten Gesprächspartnern und Persönlichkeiten beziehen sich auf die Zeit der Entstehung des Buches.

Teil I

Business-Verstand

Die Universalsprache der Geschäftswelt

— 1 —

Jack Welch in den Fußstapfen des Straßenhändlers

Quintessenz unternehmerischen Denkens

Sicherlich ist er Ihnen auf Ihren Spaziergängen durch eine kleine oder größere Stadt auch schon begegnet – der Straßenhändler an der Ecke, der hinter seinem Stand oder Karren steht und seine Ware feilbietet. Überall auf der Welt treffen Sie auf solche Straßenhändler, in Chicago, Mexico City, São Paulo, Bombay, Barcelona, San Francisco, New York – überall.

Wenn Sie etwas gekauft haben, dann haben Sie es wahrscheinlich in aller Eile getan und sind schnell wieder Ihrer Wege gegangen. Es ist Ihnen nicht in den Sinn gekommen, mit dem Straßenverkäufer über Geschäftliches zu reden. Schließlich ist das, was er tut, sehr simpel. Was könnten Sie schon von ihm lernen?

Aber wenn Sie sich mit ihm darüber unterhalten hätten, wie er sein Brot verdient, hätten Sie etwas sehr Überraschendes festgestellt. Egal wo diese Leute leben, was sie verkaufen oder aus welcher Kultur sie kommen: Sie sprechen – und denken – über ihr Geschäft in auffallend ähnlicher Art und Weise. Sie sprechen die universelle Business-Sprache und folgen den universellen Business-Gesetzen.

Noch überraschender ist, dass die Sprache des Straßenhändlers dieselbe ist wie die von Jack Welch (dem ehemaligen CEO von General Electric, der vom Magazin *Fortune* zum besten Manager des Jahrhunderts gekürt wurde), von Michael Dell (Sie haben sicher schon von Dell Computer gehört!) und von Jac Nasser (bis 2001 CEO von Ford). Es ist dieselbe Sprache wie die von Jorma Ollila (CEO der finnischen Firma Nokia) und von Nobuyuki Idei (CEO von Sony).

Anders ausgedrückt: Wenn es um erfolgreiche Geschäftsführung geht, reden und denken der Straßenverkäufer und die Geschäftsführer einiger der größten und gewinnbringendsten Unternehmen der Welt in ziemlich ähnlichen Kategorien. Natürlich ist es ein Unterschied, ob man ein riesiges Unternehmen leitet oder einen kleinen Laden betreibt (wir kommen später darauf zurück), aber die geschäftlichen Kernelemente oder wirtschaftlichen Eckpfeiler sind dieselben. Männer wie Jack Welch, Michael Dell und Jac Nasser stehen riesigen globalen Organisationen mit einer großen Anzahl von Mitarbeitern vor. Man bezeichnet sie als Topmanager oder Unternehmensleiter, aber sie selbst sehen sich in erster Linie als Geschäftsleute – nicht anders als ein Straßenhändler.

Ich weiß, wovon ich rede, denn mir war es vergönnt, einige dieser Firmenchefs und andere in ähnlicher Position hautnah mitzuerleben. Mehr als drei Jahrzehnte lang genoss ich das Privileg, mit einigen der weltweit erfolgreichsten Unternehmenslenker engstens zusammenzuarbeiten. Zu diesen gehören Larry Bossidy, früher bei AlliedSignal, Dick Brown von EDS, John Cleghorn von der Royal Bank of Canada, Chad Holliday von DuPont, John Reed, früher bei Citigroup, Jac Nasser und Jack Welch. Ich konnte ihre Denkweise mitverfolgen und beobachten, wie sie aus den umfangreichsten und komplexesten Sachverhalten die wesentlichen Erfolgskomponenten herausschälten, die allen Unternehmungen gemeinsam sind.

Diese erfolgsentscheidenden Komponenten eines jeden Unternehmens lernte ich schon als Kind in der kleinen landwirtschaftlich geprägten Stadt in Nordindien kennen, in der ich aufwuchs. Dort beobachtete ich, wie mein Vater und mein Onkel darum kämpften, sich mit ihrem Familienunternehmen, einem kleinen Schuhgeschäft, über Wasser zu halten. Ohne jede Erfahrung und ohne jede Fachausbildung lieferten sie sich ein Kopf-an-Kopf-Rennen mit ihren Konkurrenten, die ebenfalls versuchten, ihr kärgliches Auskommen zu verdienen. Meine Familie lernte dazu, konnte sich im Laufe der Zeit einen Namen machen und das Vertrauen der einheimischen Bauern, ihrer Kunden, gewinnen. Andere Geschäfte kamen und gingen, aber unseres florierte und wird bis auf den heutigen Tag von meinen Neffen erfolgreich weitergeführt.

Dieses Schuhgeschäft kam für meine Ausbildung auf – ihm verdanke ich einen beruflichen Werdegang, der mir nicht an der Wiege gesungen worden war. Im Alter von 19 Jahren und mit einem Ingenieursdiplom in der Tasche heuerte ich bei einem Gasversorgungsunternehmen im australischen Sydney an. Der CEO entdeckte, dass ich einen Business-Riecher hatte, und es dauerte nicht lange, da entwarf ich anstelle von Rohrleitungsnetzen Marketingpläne und Preisstrategien. Mein betriebswirtschaftliches Interesse war nicht mehr zu bremsen und jener CEO drängte mich, an die Harvard Business School zu gehen, wo ich mein Diplom als Betriebswirt (MBA) machte, dann promovierte und später selbst Dozent wurde. Seither habe ich Gelegenheit gehabt, Dutzende von Geschäftsführern auf der ganzen Welt zu beraten und Tausende von Studenten in die Betriebswirtschaftslehre einzuführen.

Schon in der Anfangszeit meiner Beratertätigkeit, als ich mit Firmen unterschiedlicher Größe, unterschiedlicher Branchen und unterschiedlicher Kulturen arbeitete, waren mir die Gemeinsamkeiten erfolgreicher Unternehmenslenker aufgefallen. Ich bemerkte, dass sich ein guter CEO ungeachtet der Größe oder Art des Unternehmens durch eine grundlegende Fähigkeit auszeichnet: Er kann komplexeste Unternehmenszusammenhänge auf die wesentlichen Elemente reduzieren – auf dieselben Kernelemente, die ich in unserem familieneigenen Schuhgeschäft kennen gelernt hatte.

Meine Erfahrungen in den vergangenen Jahrzehnten haben mich felsenfest davon überzeugt, dass jedem Unternehmen dieselben universellen Business-Prinzipien oder Gesetze des Geschäftserfolgs zugrunde liegen, vom Obststand über den Schuhladen bis hin zu den Unternehmen, die aus den Chefetagen der Fortune-50-Firmen geleitet werden. Die erfolgreichsten Unternehmensführer verlieren nie das Wesentliche aus dem Blick. Ihre Fokussierung auf die unternehmerischen Kernelemente ist in der Tat ihr Erfolgsgeheimnis. Wie der Straßenverkäufer haben sie ein ausgeprägtes Gespür dafür, wie ein Unternehmen Geld verdient. Diese Fähigkeit, die für alle großen und kleinen Unternehmen gültigen Universalgesetze des Geschäftserfolgs anzuwenden, nenne ich *gesunden Business-Verstand*.

Zurück zu den Wurzeln

Der ein oder andere erfolgreiche CEO hat schon früh in seinem Leben Erfahrungen gemacht, die denen des Straßenhändlers ähneln und sein unternehmerisches Denken geprägt haben. Jac Nasser von Ford beispielsweise verdiente sein erstes Geld in dem kleinen Betrieb seiner Familie. Hier sah er, was ein Kleinunternehmer nicht alles zu bewältigen hat. Er muss entscheiden, welche Kunden er ansprechen und wie er sie gewinnen will, welche Produkte er anbieten und welche Preise er nehmen soll, welche Rohmaterialien er braucht und wie viel sie kosten dürfen, welche Atmosphäre in seinen Räumen herrschen soll und mit welchen Mitteln er sie herbeiführen kann ... und vor allem muss er viele, viele Stunden an Arbeit investieren. Wenn er Gewinne macht, sparsam ist und die richtigen Leute beschäftigt, kann er den Betrieb vergrößern. Jede einzelne Entscheidung ist von großer Tragweite.

In seinem Familienunternehmen erlernte Jac Nasser die Universalsprache der Unternehmen, und hier konnte er zum ersten Mal seinen Business-Verstand testen. Später hat er diese Sprache auch bei Ford gesprochen, dem zweitgrößten Automobilhersteller der Welt.

Sprechen Sie die universelle Business-Sprache? Verstehen Sie die fundamentalen Gesetze, die jedem erfolgreichen Geschäftsbetrieb zugrunde liegen? Haben Sie Business-Verstand?

Aller Wahrscheinlichkeit hat sich Ihr beruflicher Werdegang auf einen bestimmten Tätigkeitsbereich Ihres Unternehmens – zum Beispiel Verkauf, Finanzwesen oder Produktion – konzentriert. Diese Bereiche, allgemein unter dem Begriff *Funktionen* bekannt, bezeichnet man manchmal auch als Schornsteine oder Silos. Beim Eintritt in ein Unternehmen fangen nämlich die meisten Leute in einem Funktionsbereich an und steigen dann mit ihrer Beförderung innerhalb dieser Funktion nach oben, so, als kletterten sie senkrecht einen Schornstein oder ein Silo hinauf.

Ein solcher Karrierepfad bringt es leicht mit sich, dass sich Ihr Blickwinkel verengt und Ihre Entscheidungen, die Sie tagtäglich bei Zielkonflikten zu treffen haben, „gefärbt" sind. Was für Ihre Abteilung oder Ihren Funktionsbereich das Beste ist, muss nicht unbedingt auch das Beste für Ihr Unternehmen als Ganzes sein. Sie mögen eine Koryphäe Ihres Fachs sein – ein Marketing-, Technik- oder Finanzexperte –, aber sind Sie auch Geschäftsmann? Unabhängig von Ihrem Job, Ihrer Abteilung oder Ihrem „Schornstein" beziehungsweise „Silo" müssen Sie Ihr Gespür für das Gesamtunternehmen, Ihren gesunden Business-Verstand entwickeln.

Je mehr Sie lernen, Ihr Unternehmen als *Ganzes* zu begreifen und Entscheidungen zu treffen, die der Gesamtleistung Ihres Unternehmens zuträglich sind, desto stärker tragen Sie dazu bei, dass Besprechungen und Sitzungen weniger bürokratisch ablaufen und verstärkt den Unternehmensproblemen gewidmet sind. Wie immer bei konstruktiven und stimulierenden Diskussionen vergeht Ihnen die Zeit wie im Flug. Sie bekommen mehr Spaß an Ihrer Arbeit, weil Sie merken, dass Ihre Anregungen und Entscheidungen Einfluss auf das Wohl und Wachstum Ihrer Firma haben. Sie entwickeln ein tieferes Unternehmensverständnis und spüren eine Steigerung Ihres Leistungsvermögens.

Ich versichere Ihnen, dass die Schärfung Ihres Business-Verstands wie ein Jungbrunnen auf Sie wirkt. Sie fühlen sich wie ein Kind, das sich über sein erstverdientes Geld freut – oder wie ein Michael Dell, der sich instinktiv auf die richtigen Dinge konzentrierte und seinen Aktionären enormen Mehrwert bescherte. Vor 15 Jahren startete er seine Karriere mit einem Computer-Versandhandel, organisiert in seiner Studentenbude im College. Im Juni 2000 war die Firma Dell Computer an die 130 Milliarden US-Dollar wert.

Wenn Sie lernen, die universelle Business-Sprache zu sprechen, können Sie mit jedem Mitarbeiter Ihres Unternehmens, egal auf welcher Ebene, fruchtbare Gespräche führen. Sie reißen die Mauern ein, die Sie, die funktionsorientierte, Ihrem „Silodenken" verpflichtete Person, von all jenen gut gekleideten Managern der Chefetage und den diplomierten Betriebswirten trennen, die eine Ihnen möglicherweise unverständliche Sprache sprechen. Sie können sich stärker mit Ihrer Firma und Ihrer Arbeit identifizieren. Und es eröffnet sich Ihnen eine breitere Palette an beruflichen Chancen.

Lesen Sie dieses Buch und machen Sie sich mit der universellen Business-Sprache vertraut. Dann setzen Sie das Erlernte in die Praxis um, bis Ihnen – wie dem Straßenhändler – die Geschäftsprinzipien, die jeder Art von

Unternehmen zugrunde liegen, in Fleisch und Blut übergegangen sind. Sie werden entdecken, worauf es in einem Unternehmen wirklich ankommt, und mit der Zeit werden Sie echten Business-Verstand entwickeln.

Die Routine des Straßenhändlers

Wie verdient ein Straßenhändler, der in einer kleinen indischen Stadt Obst und Gemüse feilbietet, sein Geld? Jemand mit einem 75 000 US-Dollar teuren Studium und einem Betriebswirtschaftsdiplom würde sagen: „Er antipiziert den Bedarf." Aber der Straßenverkäufer in Indien kennt solch neumodischen Ausdrücke nicht. Er muss, ausgehend von seiner Einschätzung, was er an diesem Tag verkaufen kann (seine *Absatzprognose*), überlegen, was er an diesem Morgen einkaufen muss – welche Mengen, welche Qualität und welche Sorten an Obst und Gemüse.

Dann muss er entscheiden, welche Preise er nimmt, und er muss beweglich genug sein, um die Preise im Laufe des Tages bei Bedarf anzupassen. Mit nach Hause möchte er die Ware (den *Lagerbestand*) natürlich nicht nehmen. Erstens ist sie morgen, wenn sie nicht mehr frisch ist, weniger wert. Und zweitens braucht er das Bargeld aus dem Verkauf seiner Ware. Den ganzen Tag über muss er abwägen, ob, wann und um wie viel er seine Preise senken soll. Unentschlossenheit oder eine falsche Entscheidung kann ihn teuer zu stehen kommen.

Nicht anders ist es in einem Unternehmen. Nehmen wir einmal an, die Notenbank erhöhe die Zinsen. Die

Jack Welch in den Fußstapfen des Straßenhändlers

Folge könnte sein, dass die Nachfrage nach Autos plötzlich einbricht und die Automobilfirmen, wenn sie nicht imstande sind, ihre Produktion schnell genug den veränderten Gegebenheiten anzupassen, mehr Lagerbestände als nötig ansammeln. Heldenhafte Anstrengungen wären vonnöten, um die auf Halde gefertigten Autos an den Mann zu bringen und Geld in die Kasse zu bekommen. Das wäre just der Moment, an dem der Verbraucher in Fernsehspots darauf aufmerksam gemacht wird, dass diese oder jene Automobilfirma Barzahlungsrabatte gewährt. Rabatte und höhere Werbeausgaben schmälern den Gewinn, und außerdem kann eine solche Billigkampagne dem Markenimage schaden. Doch manchmal nehmen Unternehmen diese Negativeffekte in Kauf, weil sie dringend Cash brauchen.

Jeden Morgen stellt der Straßenverkäufer seinen Karren auf. Er legt die schönsten Früchte in die vorderste Reihe (Einzelhändler nennen dies *Merchandising*). Er beobachtet die Konkurrenz, was sie verkauft und für wie viel. Und die ganze Zeit denkt er nicht nur an heute, sondern auch an morgen.

Wenn das Geschäft schleppend verläuft, muss er eventuell die Preise senken (den Wert der Ware für den Kunden erhöhen) oder die Auslage anders anordnen oder seine Ware lauter anpreisen (Werbung), um so die Aufmerksamkeit auf seinen Stand zu ziehen. Morgen kann er vielleicht zu günstigeren Preisen einkaufen oder muss sein Obst-und-Gemüse-Dortiment *(Produktmix)* ändern. Er stellt sich auf jede Situation ein.

Woran erkennt er, dass sein Geschäft gut läuft? Wenn er am Ende des Tages *Cash* in der Tasche hat. Jedermann weiß, was Cash ist – Geld im Portemonnaie. Der

Straßenhändler denkt unablässig an Cash – hat er genug Cash, wie kann er an mehr Cash kommen, kann er auch in Zukunft Cash erwirtschaften?

Was passiert, wenn der Straßenhändler am Ende kein Cash verdient hat? Dann ist die Verzweiflung groß. Für die Familie wird die nervliche Belastung fast unerträglich. Der Hauptverdiener verliert sein Gesicht. Ja, und in Indien ist es traurige Wahrheit, dass die Familie vielleicht nicht einmal genug zu essen hat. In einer solchen Situation drehen sich alle Gedanken um das Nächstliegende. Aber ob der Straßenhändler es nun realisiert oder nicht, im Unterbewusstsein ist er mit seinen Überlegungen schon weiter. Wovon soll er die Ware für den nächsten Tag kaufen? Er braucht Cash, um sein Geschäft weiter betreiben zu können.

Dasselbe trifft auch auf Unternehmen zu. Man hört immer wieder von Firmen, die knapp bei Kasse sind. Sie haben vielleicht zu vieles hergestellt, das nicht verkauft werden konnte, sodass ihr Geld in Form von Lagerbeständen festliegt. Oder sie haben in zu große Werksanlagen investiert, die nicht genug Geld abwerfen. Oder das Unternehmen hat Vertreibern oder Einzelhändlern seine Produkte auf Kredit verkauft und kommt nur schleppend oder gar nicht an sein Geld. Wenn Firmen nicht genug Cash verdienen können, bleibt ihnen oft keine andere Möglichkeit, als sich Geld zu leihen. Haben sie viel Geld aufgenommen und können die Hauptursache für den Liquiditätsengpass nicht korrigieren, bekommen sie Schwierigkeiten, den Kredit zurückzuzahlen. So mancher Betrieb muss am Ende Insolvenz anmelden und sich unter den Schutz des Konkursrechts stellen.

Jack Welch in den Fußstapfen des Straßenhändlers

Zurück zu unserem Straßenhändler. Wie er den Einkauf seiner Ware bewerkstelligt, ist von Land zu Land unterschiedlich. In Indien, wo es kaum möglich ist, persönliche Ersparnisse anzusammeln, borgt er sich vielleicht etwas Geld für den Einkauf seiner Früchte in der Erwartung, auf diese Weise ein wenig mehr zu verdienen. Damit sich sein Geschäft rentiert, muss er so viel einnehmen, dass er das Geborgte zurückzahlen kann und noch ein kleines Plus für sich übrig behält.

An jeder Melone, die er verkauft, verdient er nur einen winzigen Bruchteil. Sein Gewinn, die Differenz zwischen dem, was er für die Frucht bezahlt hat, und dem, was er dafür bekommt, ist sehr gering. Seine Gewinnmarge – der prozentuale Anteil des eingenommenen Geldes, das er für sich behält – liegt bei ungefähr fünf Prozent. (Es werden auch andere Begriffe hierfür verwendet, zum Beispiel *Umsatzrendite* oder *Gewinnspanne*. Informieren Sie sich, welcher Terminus in Ihrem Unternehmen üblich ist. Aber viel wichtiger ist der Grundgedanke, auf den ich später ausführlicher zurückkommen werde.)

Nehmen wir einmal an, unser Straßenverkäufer leiht sich 400 indische Rupien. Mit diesem Geld leistet er eine Anzahlung für Obst im Wert von 4 000 iR. Das Obst ist sein einziges Kapital. Wenn er das ganze Obst im Wert von 4 000 iR mit einer Marge von zwei Prozent (nach Abzug aller Aufwendungen und seines eigenen Arbeitslohns) verkauft, macht er einen Gewinn von 80 iR. Anders ausgedrückt, mit seinem geliehenen Kapital von 400 iR verdiente er 80 iR, seine *Gesamtkapitalrendite (Return on Assets, ROA)* beträgt also 20 Prozent.

Kann der Straßenhändler seine Preise erhöhen, um mehr Gewinn zu machen? Nur bedingt. Ist sein Preis zu hoch, wandern die Kunden zur Konkurrenz. Gibt es eine Möglichkeit, billiger einzukaufen? Durchaus. Aber kauft er überreife Früchte, wird ihn der Kunde mit Sicherheit dafür bestrafen. Zweifellos gibt es auch Obstsorten, die mehr Gewinn abwerfen als andere. Sollte er nur die gewinnbringendsten in sein Sortiment aufnehmen?

In der Automobilindustrie der frühen 90er-Jahre konnte sich der Ford-Konzern gegenüber General Motors einen entscheidenden Finanzvorteil verschaffen, als er, der Konkurrenz vorauseilend, seinen Produktmix änderte. Ford hatte frühzeitig den wachsenden Wunsch des amerikanische Verbrauchers nach geländegängigen Sport- und Freizeitautos erkannt. Zwar behielt Ford seine gesamte Angebotspalette bei, verlagerte aber einen Teil der Produktion von Personenwagen auf die profitableren Geländefahrzeuge und „Trucks". Das Unternehmen eroberte sich in diesen Produktbereichen die Führungsposition auf dem nordamerikanischen Markt, obwohl General Motors ihm größenmäßig weit überlegen war.

Der Straßenhändler muss sich mit vielen Realitäten auseinander setzen. Trifft er wiederholt die falschen Entscheidungen, ist es schwer für ihn, sein Geschäft über Wasser zu halten. Macht er seinen Kunden kein reelles Angebot, meiden sie ihn und sein Ruf nimmt unweigerlich Schaden. Wenn er sich hingegen seinen Kunden gegenüber jederzeit fair verhält, also *kundenorientiert* ist, baut er Vertrauen und Loyalität zu seinen Produkten auf.

Jack Welch in den Fußstapfen des Straßenhändlers

Was man vom Straßenhändler lernen kann

Ein Einmannunternehmen zu betreiben, mag simpel erscheinen, aber es verlangt viele Entscheidungen. Diese Entscheidungen werden intuitiv getroffen – ohne Computer-Unterstützung, ohne ausgeklügelte Prognosetechniken und ohne Meetings in der Abgeschiedenheit teurer Luxusherbergen! Unternehmerisches Geschick und Geschäftssinn des Straßenhändlers werden in Städten und Dörfern auf der ganzen Welt von Generation zu Generation weitergegeben. Die Kinder hören, was die Älteren beim Essen erzählen, werden selbst in den Geschäftsalltag mit eingespannt und stellen sich später auf eigene Füße. Sie lernen intuitiv, wie das Geschäftsleben funktioniert.

Die Erfahrungen, die ich als Jugendlicher in Indien gemacht habe, sind typisch hierfür. Ich erinnere mich noch gut daran, wie meine Vettern und ich jeden Abend gegen neun Uhr mit meinem Vater und meinem Onkel unser Schuhgeschäft verließen und nach Hause gingen. Wir trafen uns dann auf dem Dach unseres Hauses, um der drückenden Schwüle in den Räumen zu entgehen. Wir sprachen über die Ereignisse des Tages – welche Kunden gekommen waren und welche nicht, was sich gut verkauft hatte und was nicht, von wem wir uns am nächsten Morgen noch unser Geld abholen mussten und was die florierendsten Geschäfte unseres Dorfes machten *(Best Practice)*.

Ich konnte beobachten, wie sich Vater und Onkel tagtäglich abmühten, Kundenbeziehungen aufzubauen und ihr Schuhsortiment und die Schuhpreise den jeweiligen Gegebenheiten anzupassen. Jedes Mal, wenn sie etwas verkauft hatten, versuchte unser Konkurrent, der Wand an Wand mit uns ebenfalls einen Schuhladen betrieb, unsere Kunden abzufangen und zu beschwatzen, uns die Schuhe zurückzubringen und bei ihm zu kaufen. Es war sozusagen ein Nahkampf, der sich hier abspielte. Doch konnte sich meine Familie letztendlich behaupten. Obwohl wir keine ausgefallene Terminologie verwendeten, lernten wir die grundlegenden Elemente eines profitablen Geschäfts, entwickelten gesunden Business-Verstand und schufen Mehrwert für unsere *Aktionäre* (die Familienmitglieder). Nebenbei bemerkt, gehörten zu diesem Mehrwert meine Ausbildung und die vielen daraus resultierenden Berufschancen.

Wahrscheinlich sind Sie weder Straßenverkäufer noch Inhaber eines Tante-Emma-Ladens. Aber ob Sie nun gerade am Anfang Ihrer Karriere stehen oder eine Führungskraft an der Spitze Ihres „Schornsteins" oder „Silos" sind: Sie können viel von dem Straßenverkäufer lernen, der alle grundlegenden Aspekte seines Geschäfts beherrscht – Produkt, Umsatz, Kunden, Gewinnmarge, Rendite. Auch Sie können ein solches Business-Gespür entwickeln und lernen, welche Kernelemente für die Erwirtschaftung von Gewinnen in einem Unternehmen grundsätzlich von Bedeutung sind.

— 2 —

Alle Unternehmen sind im Prinzip gleich

Cash, Gewinnmarge, Umschlaggeschwindigkeit, Wachstum und Kunden sind die Kernelemente erfolgreicher Geschäftsführung

Gesunder Business-Verstand setzt voraus, dass man die wichtigsten Bausteine eines prosperierenden Unternehmens versteht. Erinnern Sie sich an Ihren Physik- und Chemieunterricht. Zunächst mussten Sie die Bestandteile eines Atoms kennen lernen: Elektronen, Protonen und Neutronen. Erst als Sie die einzelnen Komponenten und ihr Zusammenwirken begriffen hatten, waren Sie in der Lage, Ihr Wissen zu erweitern. Im Geschäftsleben ist es nicht anders.

Wenn sich zwei Geschäftsleute unterhalten, egal ob sie in derselben Branche tätig sind oder nicht, ob sie offen reden oder nicht, immer versuchen sie, ihr Gegenüber auszuloten: Arbeitet sein Unternehmen mit Gewinn? Wie verdient es sein Geld? Wie könnte sich seine Situation ändern? Geschäftsleute haben ein unstillbares Verlangen, komplexe Zusammenhänge zu durchdringen und zu den fundamentalen Bausteinen des Geschäftserfolgs durchzustoßen.

Zum Geldverdienen gehören drei wesentliche Bestandteile: Cash, Kapitalrendite (eine Kombination aus Gewinnmarge und Umschlaggeschwindigkeit) und Wachstum. Echte Geschäftsleute durchschauen die Einzelkomponenten wie auch ihre Beziehung zueinander. Erweitern Sie dieses Trio der grundlegenden Faktoren – Cash-Erzeugung, Rendite, Wachstum – um den Kunden, und vor Ihnen liegt das Herz oder der Lebensnerv eines jeden Unternehmens.

Cash-Erzielung, Gewinnmarge, Umschlaggeschwindigkeit, Rendite, Wachstum und Kunden: Alles andere geht von diesem Nukleus aus. Generiert das Unternehmen Cash und erwirtschaftet es eine gute Rendite? Hält es seine Kunden? Wächst das Unternehmen? Können Sie diese Fragen mit Ja beantworten, sagt Ihnen der gesunde Menschenverstand, dass das Unternehmen auf solidem Fundament steht. Ein großes, komplexes Unternehmen, in dem dieses Herzstück nicht intakt ist, bewegt sich auf schwankendem Boden.

Lassen Sie sich nicht durch Ihre akademische Ausbildung oder die Größe Ihrer Firma den Blick für das Einfache verstellen. Denken Sie wie ein Straßenhändler. Dringen Sie zum Lebensnerv Ihres Unternehmens vor. Sollte sich Ihr Unternehmen in einer oder mehreren der Kernelemente jeder erfolgreichen Geschäftätigkeit verschlechtern, nutzen Sie Ihren gesunden Menschenverstand und greifen Sie korrigierend ein. Wenn Sie das tun, sind Sie auf dem besten Weg, wie ein wirklicher Geschäftsmann und erfolgreicher CEO zu denken und zu handeln!

Cash-Erzeugung

Die Cash-Situation ist einer von mehreren wichtigen Indikatoren für die Fähigkeit eines Unternehmens, Gewinne zu erzielen. Ein kluger Geschäftsmann will wissen: Erwirtschaftet sein Betrieb genug Cash? Aus welchen Quellen speist es sich? Wie wird das Geld verwendet? Wer sich als Geschäftsmann diese Fragen nicht stellt und nicht die richtigen Antworten darauf findet, bekommt am Ende seine Quittung!

Der *Cash-Bestand* ist die Differenz aus den Mitteln, die in einem bestimmten Zeitraum einem Unternehmen zufließen, und allen Mitteln, die in diesem Zeitraum aus demselben abfließen. Zuflüsse stammen vornehmlich aus dem Verkauf von Produkten oder Dienstleistungen, für die sofort in bar bezahlt wurde, und aus Zahlungen für frühere Verkäufe, für die den Kunden Kredit gewährt wurde. Cash fließt aus dem Unternehmen für Aufwendungen wie Gehälter, Steuern und Zahlungen an Lieferanten.

Der Straßenhändler wickelt alle seine Geschäfte auf Cash-Basis ab. Seine Kunden bezahlen ihn in bar und er bezahlt seine Lieferanten am selben Tag ebenfalls in bar. Für ihn sind Cash-Einzahlungen und -Auszahlungen dasselbe wie Einnahmen und Ausgaben. Aber die meisten Unternehmen vereinbaren untereinander bestimmte Zahlungsziele, sodass es einen Unterschied gibt zwischen dem Zahlungsvorgang und der Einnahme beziehungsweise Ausgabe. Sie verkaufen jetzt, aber kassieren später. Sie kaufen jetzt, aber zahlen später. Sie haben *Forderungen* (Geld, das ihnen Kunden schulden) und *Verbindlichkeiten* (Geld, das sie ihren Lieferanten schulden). Die Terminierung dieser Zahlungen wirkt sich auf den Kassenbestand aus.

Die Generierung von Cash kann selbst für die größten Firmen zum Problem werden. So stand Chrysler Anfang der 80er-Jahre vor leeren Kassen; Volkswagen geriet Ende der 80er Jahre in die Klemme; und Montgomery Ward ging mehrere Male in den letzten 50 Jahren die Luft aus.

Was es heißt, Probleme mit der Erwirtschaftung von Cash zu haben, zeigte sich höchst eindrucksvoll am Beispiel einer – man höre und staune – Management-Beratungsfirma. Die Seniorpartner hatten für den Kauf der Firma erhebliche Kredite aufgenommen und brauchten jeden Monat viel Liquidität für ihre Zinszahlungen. Irgendwann im Jahr 1998 stellte sich heraus, dass in der Kasse Ebbe war. Die einzige Lösung schien zu sein, einen Teil der Firma zu verkaufen, was natürlich den Wert der Anteile der Partner verringert hätte.

Der Verkauf stand schon kurz vor dem Abschluss, als den Partnern eine Erkenntnis dämmerte, die sie vor dem Schlimmsten bewahrte. Sie entdeckten, dass sie die Fakturierpraxis auf die allzu leichte Schulter genommen hatten. Die Berater hatten sich nicht bemüht, ihren Klienten zeitnahe Rechnungen auszustellen, und manche Klienten waren höchst säumige Zahler. Forderungen – Geld, das die Klienten der Firma schuldeten – standen 84 Tage aus, im Unterschied zum Branchendurchschnitt von 45 Tagen. Die Firma hatte fast doppelt so viel Außenstände wie allgemein üblich. In der Zwischenzeit musste sie aber, um das Unternehmen in

Alle Unternehmen sind im Prinzip gleich

Gang zu halten, für Gehälter, Reise-, Verwaltungs- und Bürokosten aufkommen.

Die Firma packte ihre Rechnungsprobleme an und die Cash-Situation verbesserte sich deutlich. Es wurden wieder Zulagen gezahlt, das dringend notwendige Informationssystem wurde angeschafft und die Partner blieben die alleinigen Eigentümer der Firma.

Cash versetzt Sie in die Lage, im Geschäft zu bleiben. Es ist das Lebenselixier jedes Unternehmens. Das Fehlen von Cash, sinkende Cash-Reserven oder der Verzehr von Cash sind böse Omen, selbst wenn sich die anderen Komponenten, die – wie Gewinnmarge und Kapital-Umschlaggeschwindigkeit – für die Gesundheit eines Unternehmens wichtig sind, sehen lassen können.

Jedes Unternehmen muss in seinem Geschäftsbericht das Woher und Wohin seiner Barmittel im besagten Jahr und das Netto-Cash-Ergebnis in dieser Periode ausweisen. Wissen Sie, ob Ihr Unternehmen einen Cash-Überschuss erwirtschaftet? Wenn ja, woher kommt er? Wenn nein, liegt es daran, dass Ihr Management in Aktivitäten investiert, die Ihrem Unternehmen zu mehr Wachstum verhelfen – oder aber daran, dass Sie zu hohe, nicht verkäufliche Lagerbestände haben?

Sollten Sie in einer großen Firma mit mehreren Sparten arbeiten, ist die Frage: Gehört Ihre Sparte zu den Cash-Erzeugern? Wird von Ihrem Geschäftsbereich, sagen wir in Brasilien, Liquidität verbraucht oder generiert? Wenn man von einem Spartenleiter den Satz hört, „Meine Sparte soll Cash bringen, nicht Wachstum", ist es, auf den Punkt gebracht, genau das, was die Unternehmensleitung von einer Sparte erwartet. Sie hätte dann beispielsweise die Möglichkeit, das Geld, das eine

Sparte in einem wachstumsschwachen Markt (der, sagen wir, um ein bis zwei Prozent jährlich wächst) erwirtschaftet, in eine andere Sparte in einer schneller wachsenden Branche zu stecken, um damit Forschung & Entwicklung, Marketing und Werkserweiterungen zu finanzieren.

Oder nehmen Sie ein Familienunternehmen, in dem die Mitglieder der Familie auf ihre Entnahmen als wichtigste Einkommensquelle angewiesen sind. Solche Firmen werden oft einzig und allein aus Cash-Gründen betrieben, um den Erwartungen der Familie finanziell nachkommen zu können.

Jeder Einzelne zählt

Die meisten Menschen wissen aus ihrem eigenen Alltag, wenn auch in kleinerem Rahmen, was es heißt, gut oder knapp bei Kasse zu sein. Was macht man, wenn Rechnungen fällig sind, aber das Gehalt noch nicht auf dem Konto eingegangen ist? In großen Unternehmen verliert jedoch so mancher die Kassenlage aus dem Blick, und viele denken, dafür sei allein die Finanzabteilung zuständig.

Aber jeder Mitarbeiter eines Unternehmens muss sich darüber im Klaren sein, dass er Cash entweder verbraucht oder erzeugt. Ein Außendienstmitarbeiter, der mit einem Kunden ein Zahlungsziel von 30 Tagen anstatt 45 Tagen vereinbart, handelt cashbewusst. Das Unternehmen bekommt sein Geld eher, und dies setzt Mittel frei (macht Cash verfügbar), das für andere Zwecke verwendet werden kann. Ein Werksleiter, dessen

Alle Unternehmen sind im Prinzip gleich

schlechte Planung zu überhöhten Lagerbeständen führt, verzehrt Cash.

Die Entscheidung, ein neues Werk zu bauen, wirkt sich selbstverständlich auf die Kassenlage aus. Nehmen Sie den Fall der Miller Brewing Company. In den 80er-Jahren kaufte Philip Morris dieses Unternehmen und setzte die Regionalbrauerei auf Wachstumskurs. Der Marktanteil stieg schnell von 8 auf fast 20 Prozent. Beflügelt von dieser Entwicklung, baute das Management eine 460 Millionen US-Dollar teure Brauerei, deren Kapazität mit dem ständig höher kletternden Marktanteil Schritt halten konnte. Aber noch bevor das neue Werk fertig und in Betrieb war, startete der Erzrivale Anheuser-Busch einige aggressive Marketingaktionen und stoppte Miller auf seinem Höhenflug. Millers Marktanteil stieg nicht wie erhofft, das Werk wurde nie eröffnet und die Cash-Situation entwickelte sich negativ. Der Bau des Werks führte zu Cash-Abflüssen aus dem Unternehmen, aber da die geplante Umsatzsteigerung ausblieb, flossen keine zusätzlichen Mittel zurück.

Selbst die Mitarbeiter der Poststelle eines Unternehmens haben Einfluss auf die Kassenlage. Sie sortieren und verteilen die Post – Briefe, Rechnungen, Schecks. Jawohl, Schecks!

Nehmen wir an, die Post geht am Freitagmorgen ein. Am Nachmittag wird sie von der Poststelle sortiert und verteilt. Vermutlich treffen die Schecks nicht vor 16.30 Uhr in den richtigen Abteilungen ein. Um diese Zeit machen sich die Kollegen der Kundenbuchhaltung bereit, Feierabend zu machen und nach Hause zu gehen. Sie werden die Post erst am Montag öffnen. Wann verwandelt sich der Scheck in Cash? Drei Tage, nachdem er bei der Bank eingereicht wurde.

Bedenken Sie auch den Postausgang. In vielen Unternehmen werden Rechnungen, die freitags nach 14 Uhr ausgestellt werden, nicht vor Montagmorgen versandt. Wenn man die Rechnungen vor Ablauf des Freitags in die Post gäbe, würden die Zahlungen zwei Tage früher im Unternehmen eingehen und somit zur Verbesserung der Kassenlage beitragen. Es sind also viele, die an dem Fluss der Gelder beteiligt sind, einschließlich der Mitarbeiter in der Poststelle.

In den letzten Jahren haben sich einige sehr gewiefte Geschäftsleute höchst effiziente Mittel und Wege der Cash-Generierung einfallen lassen. Viele dieser Vorstöße zielen auf die Lagerhaltung, in der bekanntlich viel Liquidität gebunden liegt. Nehmen Sie beispielsweise Amazon.com, einen der Pioniere des Internet-basierten Einzelhandels mit seinem 24 Stunden lang an sieben Tage in der Woche geöffneten Online-Buchladen. Als Amazon.com anfing, hatte es keinerlei Lagerbestände, was ihm gegenüber den traditionellen Buchhändlern, die jede Menge Bücher in ihren Regalen und Lägern vorhielten, einen riesigen Cash-Vorteil verschaffte. Amazon.com erhielt seine Bestellungen online und ließ die Bücher an seine Kunden über die Vertriebseinrichtungen anderer versenden. Nach dem Versand der Bücher wurde das Online-Unternehmen über die Kreditkartenfirmen seiner Kunden bezahlt, zahlte aber selbst erst ein paar Wochen später für die Bücher. So schuf es Cash und setzte diese Mittel für Marketing ein, was wieder den Umsatz erhöhte. (Seither hat Amazon.com sein

Alle Unternehmen sind im Prinzip gleich

Konzept geändert und unterhält eigene Bestände in speziell dafür errichteten Lägern.)

Desgleichen Dell Computer. Das Unternehmen verkauft seine Personalcomputer direkt an den Kunden, lässt sich über Kreditkarte bezahlen, *wenn* der PC geordert wird und *bevor* er beim Kunden eintrifft. Seine Lieferanten (die Hersteller der einzelnen Komponenten) bezahlt Dell hingegen innerhalb der üblichen 30-Tage-Frist nach Erhalt der Teile. Selbst hält es nur Vorräte für sechs Tage. Über einen bestimmten Zeitraum gesehen hat Dell mehr Zahlungseingänge als Ausgänge. Je stärker es also wächst, desto mehr Cash erzeugt es. Man sagt, Dell sei eine Cash-Maschine.

New-Economy-Firmen wie Dell sind nicht die einzigen, die Cash generieren. Auch viele Unternehmen der Old Economy wie GE, McDonald's, United Technologies und Ford sind Cash-Erzeuger. GE beispielsweise hat zehn Jahre lang ständig Cash erwirtschaftet. Dank der Tatsache, dass es seine Fertigungsstätten und den Produktionsfluss effizienter gestaltet und die Produktivität gesteigert hat, konnte es seinen Lagerhaltungsbedarf reduzieren und seine Produktionskapazitäten erhöhen, ohne neue Werke bauen zu müssen.

Clevere Geschäftsleute wissen, dass Cash ihrem Unternehmen zu mehr Wachstum verhelfen kann. Klug investiert steigert Cash die Ertragskraft des Unternehmens. Außerdem hat Cash einen psychologischen Aspekt: Wenn ein Unternehmen eigenes statt geliehenes Geld auf dem Konto hat, ist das Management eher geneigt, in Projekte mit höherem Risiko, aber gleichzeitig auch mit überdurchschnittlichem Ertragspotenzial zu investieren.

Gesamtkapitalrendite

Sie denken vielleicht, Geldverdienen heiße einfach, Gewinne zu machen – billig einkaufen und teuer verkaufen. Aber es beinhaltet mehr.

Unabhängig von Art und Größe des Unternehmens setzt man eigenes oder fremdes Geld ein, um zu wachsen. Sie nehmen entweder einen Kredit bei der Bank auf oder verwenden Ihre Ersparnisse. Dieses Geld stellt Ihr Vermögen oder Ihr *Investitionskapital* dar. Wenn Sie das Unternehmen erben, fällt Ihnen das Investitionskapital sozusagen zu.

Ihre Investitionskapital nimmt dann die eine oder andere Form an, sei es als Ware (Vorräte), sei es als kleiner Laden mit ein paar Regalen (Gebäude und Anlagen) oder sei es als Schuldschein eines Kunden für mitgenommene Ware (Forderungen).

Die Dinge, in die Sie investiert haben, sind Ihre *Vermögenswerte*. Zu den Vermögenswerten eines Automobilherstellers gehören Fabriken und Montagewerke, Bürogebäude, Computersysteme und Vorräte an Blechen, Farben und Zubehörteilen. Dies sind die *materiellen Vermögensgegenstände*, die man sehen und anfassen kann. Die großen Werte wie Gebäude und Maschinen, deren Verkauf nicht zu erwarten ist, nennt man auch *Sachanlagen* oder *fixes Anlagevermögen*.

Auch wenn Ihr Unternehmen kein Produktionsbetrieb ist, haben Sie Kapital investiert. In einem Dienstleistungsunternehmen wie etwa einer Versicherung gibt es keine Teileläger oder Fertigungsmaschinen. Aber das Geld ist auf andere Weise gebunden. Staatliche Vor-

Alle Unternehmen sind im Prinzip gleich

schriften verlangen beispielsweise von den Versicherungen, eine gewisse Barreserve vorzuhalten, damit sichergestellt ist, dass die Ansprüche der Kunden erfüllt werden können. Diese Barreserve ist ein Vermögenswert.

Ermitteln Sie in Ihrem Unternehmen die materiellen Vermögensgegenstände, in die das Kapital investiert ist. Jeder Geschäftsmann mit Business-Verstand wird wissen wollen, wie viel er mit seinen Vermögenswerten verdienen kann. Wie viel Geld fließt durch die Nutzung dieser Gegenstände an das Unternehmen zurück? Mit anderen Worten, welche Rendite wirft das in Ihre Vermögensgegenstände investierte Kapital ab oder wie hoch ist Ihre Gesamtkapitalrendite ROA (Return on Assets)? Erwirtschaften Sie mit diesen Vermögenswerten genug Gewinn?

Manche Leute sprechen lieber von der *Investitionsrendite* oder der *Eigenkapitalrendite* (*Eigenkapital* ist das Geld, das die Aktionäre in das Unternehmen eingebracht haben). Die Unterschiede zwischen diesen Kennzahlen sind rein technischer Natur. Dahinter steckt ein gemeinsamer Gedanke: Wie viel Geld verdienen Sie mit Ihrem investierten Kapital oder mit dem Geld, das die Aktionäre in das Unternehmen investiert haben?

Man braucht kein Betriebswirtschaftsdiplom, um das Renditekonzept zu verstehen. Ich kann es Ihnen beweisen. Vor vielen Jahren führte ich eine Gruppe von Betriebswirtschaftsstudenten zu einem Marktplatz knapp 13 km von Managua (Nicaragua) entfernt. Dort verkauften Händler und Bauern (vorwiegend Frauen) alle möglichen Dinge, von Ananas über Hemden bis Halsketten.

Wir gingen auf eine Frau zu, die an einem kleinen Karren Kleidungsstücke verkaufte. Ich fragte sie, woher sie das Geld für den Einkauf ihrer Ware habe. Sie sagte, sie leihe es sich, zu 2,5 Prozent Zinsen im Monat. Ein Student übte sich im Schnellrechnen – 2,5 Prozent multipliziert mit zwölf Monaten – und verkündete, dass der Zinssatz ungeheuerliche 30 Prozent pro Jahr betrage. Sie korrigierte ihn. Aufgezinst, das heißt unter Berechnung von monatlichem Zins und Zinseszins, akkumuliere sich der Zinssatz auf über 34 Prozent im Jahr.

Wie viel Gewinn sie mache, wollten wir wissen? Etwa fünf Prozent. Wie konnte sie überhaupt überleben, wenn sie sich bei den Kredithaien ihr Geld borgen musste? Die Frage drängte sich einfach auf.

Ziemlich ungehalten ob der Dummheit dieser Frage stützte sie den rechten Ellbogen auf ihre linke Hand und vollführte mit dem Arm ein paar schwungvollen Kreisbewegungen. Ihre Geste hieß Rotation – Rotation der Vorräte, Rotation der Ware, Umschlag der Ware.

Sie wusste instinktiv, dass ein gutes Ergebnis zwei Zutaten hatte – Gewinnspanne und Geschwindigkeit. Wenn sie ein Hemd für 10 US-Dollar verkaufte, machte sie ungefähr 50 Cents Gewinn. Um die Zinsen für ihren Kredit zahlen und ihren Karren mit neuer Ware wieder auffüllen zu können, musste sie an jedem Tag der Woche ihre Ware mehrmals umsetzen. Je schneller sie verkaufte, um so mehr „fünf Prozente" konnte sie anhäufen.

Das Wort *Geschwindigkeit* steht für Tempo, Durchlauf oder Bewegung. Denken Sie an die Rohmaterialien, die eine Fabrik durchlaufen und zu Fertigprodukten werden, und denken Sie an diese Fertigprodukte, die

Alle Unternehmen sind im Prinzip gleich

vom Regal zum Kunden wandern. Das ist Umschlaggeschwindigkeit.

Oder nehmen Sie einen Tante-Emma-Laden, dessen Besitzerin kaum etwas in die eigentliche Geschäftsausstattung investiert hat und nur gegen bar verkauft. Ihre Vermögensgegenstände bestehen ausschließlich aus Vorräten. Kann Tante Emma täglich alle ihre Ware verkaufen und die leeren Regale wieder auffüllen oder braucht sie dazu eine Woche? Im ersten Szenario ist die Warenumschlaggeschwindigkeit höher als im zweiten. Für viele Unternehmen ist die Umschlaggeschwindigkeit eine aufschlussreiche Kennzahl.

Oft benutzt man hierfür auch den Begriff Lagerumschlaghäufigkeit. Wie viele Male wird der Warenbestand pro Jahr umgeschlagen? Wal-Mart hat bei Toilettenpapier eine Umschlaghäufigkeit von 360. Das bedeutet, dass der gesamte Warenbestand dieses Produkts fast jeden Tag verkauft wird. Täglich nimmt Wal-Mart das Geld wieder ein, das es für die Bevorratung des Toilettenpapiers ausgegeben hat, plus eines Gewinns. Das nenne ich eine fantastische Nutzung von Lagerfläche.

Um welche Vermögenswerte es sich auch handelt, ihre Umschlaggeschwindigkeit lässt sich mit einer simplen Rechenoperation feststellen: Der Gesamtumsatz sagen wir für ein Jahr geteilt durch das gesamte in die Vermögenswerte investierte Kapital ergibt die Gesamtkapital-Umschlaggeschwindigkeit. Wenn Sie die Lager-Umschlaggeschwindigkeit feststellen wollen, dividieren Sie Gesamtumsatz durch Gesamtvorräte. Aber Sie können die ganze Mathematik getrost vergessen. Wichtig ist, dass Sie das *Grundkonzept* verstehen. Die Ware muss einen Betrieb durchlaufen und zum Kunden gelangen – je schneller, desto besser.

Wie lang ist die Spanne vom Zeitpunkt des Auftragseingangs bis zum Zeitpunkt der Auslieferung an den Kunden? Wie lang die Spanne vom Rohmaterial- und Teileeingang bis zum Verkauf des Fertigprodukts im Einzelhandel, Großhandel oder in Vertriebszentren?

In den Vereinigten Staaten braucht ein fabrikneues Auto vom Verlassen des Werks bis zum Kunden durchschnittlich 72 Tage. In dieser ganzen Zeit bleibt das Kapital, mit denen die Teile für das Auto gekauft worden sind, in dem Fahrzeug gebunden. Geld fließt nicht eher an den Hersteller zurück und wird anderweitig verfügbar, als bis das Fahrzeug den Abnehmer erreicht. Träfe das Auto früher beim Kunden ein, wäre für den Hersteller das gebundene Kapital, das auf einem Eisenbahnwaggon oder Autotransporter durch die Gegend reist, wesentlich geringer. Das meine ich mit schnellerem Durchlauf, mit Umschlaggeschwindigkeit.

Je schneller die Umschlaggeschwindigkeit, desto höher der Ertrag. In der Tat ist die Rendite des eingesetzten Kapitals nichts anderes als die Gewinnmarge multipliziert mit der Umschlaggeschwindigkeit des Kapitals. Dies ist ein universelles Gesetz für unternehmerischen Erfolg, das sich sehr simpel folgendermaßen darstellen lässt:

Rendite = Gewinnmarge x Umschlaggeschwindigkeit

$R = G \times U$

Dies ist kein Finanzchinesisch. R = G x U ist vielmehr ein äußerst nützliches Instrument unternehmerischer Praxis, das einzuprägen sich lohnt. Das Ergebnis R wird als Prozentsatz ausgedrückt – 8 Prozent Rendite, 10 Prozent Rendite, 15 Prozent Rendite – eine einzige Größe, die das Vergleichen einfach macht.

Bei der Einschätzung des Gesundheitszustands eines Unternehmens geht es einem guten CEO nicht so sehr um Detailgenauigkeit. Vielmehr dient ihm die Gesamtkapitalrendite ROA (oder ein ähnlicher Maßstab) als Mittel zur generellen Standortbestimmung des Unternehmens. Hat es sich besser entwickelt als im letzten Jahr oder im Jahr davor? Ist es besser als die Konkurrenz? Steht es da, wo es stehen sollte? Die besten Firmen haben einen ROA, der größer als 10 Prozent nach Steuern ist.

Gewinnmarge aus der Nähe betrachtet

In diesem Buch ist unter *Gewinnmarge* die *Nettogewinnmarge* nach Steuern zu verstehen – der Anteil des Umsatzes, der einem Unternehmen nach Abzug aller Aufwendungen übrig bleibt. Zu diesen Aufwendungen gehören alle Kosten für Produktherstellung und -verkauf, Verwaltung des Unternehmens, Zinsdienst für Kredite und Ertragsteuerzahlungen.

Die *Bruttogewinnmarge*, von der die Nettogewinnmarge abgeleitet wird, ist ebenso entscheidend für das Verständnis der grundlegenden Anatomie eines Unternehmens. Die Bruttogewinnmarge wird errechnet, indem man vom Gesamtumsatz eines Unternehmens oder einer Produktlinie die *direkt* mit der Herstellung oder dem Kauf des Produkts oder der Dienstleistung verbundenen Kosten subtrahiert. Nehmen wir an, ein Ladenbesitzer kauft 1 000 Paar Schuhe zu 30 US-Dollar das Paar und verkauft sie für 50 US-Dollar. Sein Gesamtumsatz beträgt 50 000 US-Dollar (1 000 Paar Schuhe x 50 US-Dollar pro Paar = 50 000 US-Dollar). Die direkt mit den Schuhen verbundenen Kosten *(Kosten der verkauften Ware)* betragen 30 000 US-Dollar (1 000 Paar Schuhe x 30 US-Dollar pro Paar = 30 000 US-Dollar). Mit diesen zwei Zahlen (Gesamtumsatzerlös und Gesamtkosten) lässt sich die Bruttogewinnspanne errechnen:

50 000 $ Gesamtumsatzerlös − 30 000 $ Kosten der verkauften Ware
= 20 000 $ Bruttogewinnmarge

Von den 50 000 US-Dollar, die der Ladenbesitzer mit seinen Schuhen eingenommen hat, bleiben ihm 20 000 US-Dollar über den Betrag hinaus, der ihn der Ein- und Verkauf der Schuhe gekostet hat. Seine Bruttogewinnmarge beträgt 40 Prozent, denn 20 000 US-Dollar sind 40 Prozent von 50 000 US-Dollar.

Viele Geschäftsleute und Investoren richten ihr besonderes Augenmerk auf die Bruttogewinnmarge, weil sie ihnen Hinweise auf wichtige Veränderungen gibt, die den Charakter des Unternehmens berühren. Ein Rückgang Ihrer Bruttogewinnspanne von beispielsweise 52 auf 48 Prozent sollte Sie veranlassen, nach den Ursachen zu forschen. Sind die Herstellungskosten Ihres Produkts gestiegen oder zwingt Sie die Konkurrenz, Ihre Preise zu senken, während Ihre Kosten unverändert bleiben? In den Anfängen des Personalcomputers konnte sich die PC-Industrie an Bruttogewinnspannen von fast 38 Prozent erfreuen. Dann kam die Ära des knallharten Preiswettbewerbs. Der Preis für einen PC fiel dramatisch, was die Bruttogewinnmarge um etwa 20 Prozentpunkte schmelzen ließ. Um zu überleben, mussten die PC-Hersteller ihr gesamtes Geschäftskonzept dahin gehend umstellen, dass sie die Komponentenherstellung an externe Firmen auslagerten, die Kosten senkten und die Umschlaggeschwindigkeit steigerten.

Auch kann eine schrumpfende Bruttogewinnspanne auf eine Veränderung der Abnehmerstruktur zurückzuführen sein: Sie verkaufen mehr Produkte mit niedrigeren Gewinnspannen und weniger solche mit hohen Spannen. Was ist, wenn der Trend an Fahrt gewinnt?

Welche Rendite?

Manchmal verwenden die Unternehmen leicht unterschiedliche Kennzahlen für die Messung der Rentabilität. Anstatt auf die Gesamtkapitalrendite (Return on Assets, ROA) zu schauen, interessieren sie sich für die Investitionsrendite (Return on Investment, ROI) oder die Eigenkapitalrendite (Return on Equity, ROE).

Lassen Sie sich durch die Fachbegriffe und Kürzel nicht verunsichern. Vom Grundgedanken her sind alle diese Kennzahlen gleich. Sie geben Ihnen Auskunft darüber, wie viel Geld in Ihr Unternehmen fließt – aus der Nutzung Ihrer Vermögenswerte, aus den Investitionen, die Ihr Unternehmen getätigt hat, oder aus den Einlagen, die die Aktionäre in Ihr Unternehmen eingebracht haben (Eigenkapital).

Die Berechnung von Gesamtkapital-, Investitions- und Eigenkapitalrendite ist nicht schwer. Ausgangspunkt ist die universelle Formel R = G x U, wobei R die Rendite, G die Gewinnmarge und U die Umschlaggeschwindigkeit ist.

Für die *Gesamtkapitalrendite* multiplizieren Sie die Gewinnmarge mit der Kapital-Umschlaggeschwindigkeit (Kapital-Umschlaggeschwindigkeit ist gleich Umsatz geteilt durch das in Vermögenswerte investierte Kapital). Stellen wir einmal die Rechnung auf für ein Unternehmen, das eine Gewinnspanne von 5 Prozent, Umsatz von 10 Milliarden US-Dollar und Vermögensanlagen von 2 Milliarden US-Dollar hat:

R = 5 Prozent x (10 Milliarden $/2 Milliarden $)

Die Gesamtkapitalrendite ROA beträgt 25 Prozent.

Für die *Investitionsrendite* multiplizieren Sie die Gewinnmarge mit der Umschlaggeschwindigkeit des investierten Kapitals (Kapital-Umschlaggeschwindigkeit ist gleich Umsatz dividiert durch investiertes Kapital). Nehmen wir an, ein Unternehmen hat eine Gewinnmarge von 5 Prozent, Umsatz von 10 Milliarden US-Dollar und Gesamtinvestitionen von 5 Milliarden US-Dollar:

R = 5 Prozent x (10 Milliarden $ /5 Milliarden $).

Die Investitionsrendite ROI beträgt 10 Prozent.

> Für die *Eigenkapitalrendite* multiplizieren Sie die Gewinnmarge mit der Umschlaggeschwindigkeit des Eigenkapitals (Umschlaggeschwindigkeit des Eigenkapitals ist gleich Umsatz geteilt durch Eigenkapital). Nehmen wir eine Gewinnmarge von 5 Prozent, einen Umsatz von 10 Milliarden US-Dollar und ein Aktionärskapital von 1 Milliarde US-Dollar (nicht eingeschlossen sind hier eventuell aufgenommene Bankkredite des Unternehmens):
>
> **R = 5 Prozent x (10 Milliarden $/1 Milliarde $).**
>
> Die Eigenkapitalrendite ROE beträgt 50 Prozent.

Umschlaggeschwindigkeit aus der Nähe betrachtet

Viele Leute konzentrieren sich auf die Gewinnmarge, aber übersehen dabei die Umschlaggeschwindigkeit. Was einen erfolgreichen Unternehmensleiter von vielen anderen Führungspersonen unterscheidet ist die Tatsache, dass er beides, Gewinnmarge und Umschlaggeschwindigkeit, bedenkt. Dieser doppelte Fokus zeichnet wirklich überragenden Business-Verstand aus.

Die Umschlaggeschwindigkeit ist für jedes Unternehmen ein äußerst wichtiger Faktor. Werfen wir zunächst einen Blick auf Firmen, die eine Menge Sachanlagevermögen haben – Fabriken, Maschinen oder Gebäude. Nehmen Sie zum Beispiel ein Unternehmen wie AT&T. Es besitzt riesige Sachwerte in Form von Leitungen, Kabeln, Satelliten und Mikrowellenübertragungsanlagen. Da die Preise für Ferngespräche fallen und die Gewinnspannen schrumpfen, bleibt zur Verbesserung der Gesamtkapitalrendite nur die Möglichkeit, sich auf die Umschlaggeschwindigkeit zu konzentrieren. AT&T muss mit seinen Vermögenswerten mehr Geld machen. Aus diesem Grund ist dieses wie auch andere Telekommunikationsunternehmen verzweifelt bemüht, seinen Umsatz (Umsatzerlös) zu erhöhen, und – wie der Straßenhändler – den richtigen Produktmix zu finden. Michael Armstrong, CEO von AT&T, hat öffentlich erklärt, dass die Steigerung des Umsatzes in den Jahren 2000, 2001 und 2002 höchste Priorität haben soll.

Unternehmen mit niedrigem Sachanlagevermögen können Gesamtkapitalrenditen in dreistelliger Höhe erzielen. Betrachten wir beispielsweise Dell. Das Unternehmen ist im Wesentlichen ein Spezialist für den Zusammenbau von Computern. Da es selbst nur wenige Komponenten herstellt, hat es kaum Bedarf an Gebäuden und Produktionseinrichtungen. Seine Investitionsrendite (Dell hält diese Kennzahl für die Messung seiner Effizienz am aussagekräftigsten) betrug für das Jahr 1999-2000 gewaltige 243 Prozent! Sie lag damit doppelt so hoch wie im Vorjahr.

Dell erreichte eine so enorme Rendite nicht etwa deshalb, weil es hohe Gewinnspannen durchsetzen konnte, sondern weil Michael Dell die Umschlaggeschwindigkeit entdeckt hatte. Ihm war aufgefallen, dass andere Geschäftszweige mit ebenfalls niedrigen Margen (um die drei oder vier Prozent) wie das Massenmerchandising trotzdem respektable Renditen erwirtschaften konnten. Er fragte sich, wie sie das schafften, und stieß dabei auf den anderen Faktor der Gleichung $R = G \times U$.

Alle Unternehmen sind im Prinzip gleich

Auf wie hoch schätzen Sie Dells *Lager*-Umschlaggeschwindigkeit? Am 28. Januar 2000, zum Ende des Geschäftsjahrs, lag sie bei ungefähr 50. Die Lagerbestände bei Dell sind sehr niedrig, da alle Computer auf Bestellung hergestellt werden. Das heißt, die Rechner werden nach den jeweiligen Spezifikationen des Kunden zusammengebaut und in weniger als einer Woche ausgeliefert. Inzwischen ist es so, dass Unternehmen wie United Technologies und Pratt & Whitney bei Dell anklopfen, um sich zu informieren, wie man auftragsgemäße Lösungen unter Vorhalten geringer Lagerbestände herstellen und liefern kann.

Bei der Entwicklung Ihres Gespürs für die erfolgsentscheidenden Business-Komponenten widmen Sie Ihr besondere Aufmerksamkeit der Gesamtkapitalrendite und ihren wesentlichen Bestandteilen: Umschlaggeschwindigkeit und Gewinnmarge. Schauen Sie sich diesen Renditemaßstab in Ihrem eigenen Unternehmen genau an. Wenn er Ihnen nicht adäquat erscheint, setzen Sie alles daran, ihn zu verbessern. Selbst wenn Sie nicht alle Antworten parat haben, ist schon viel geholfen, wenn Sie die richtigen Fragen stellen: Wie sieht die Rendite Ihres Unternehmens im Vergleich zur besten in Ihrer Branche aus? Hat sie sich in den letzten Jahren verbessert oder verschlechtert? Welche Firmen (gleich welcher Branche) haben die höchsten Gewinnspannen, die höchste Umschlaggeschwindigkeit oder die höchste Gesamtkapitalrendite? Was können Sie von diesen lernen?

Zu den unausweichlichen Forderungen des Geschäftslebens gehört, dass die Kapitalrendite höher zu sein hat als der *Kapitaldienst* (Kosten für das eingesetzte eigene und das fremde Geld von Banken und Anteilseignern). Wenn die Rendite unter die Kapitalkosten (in der Regel 10 Prozent und mehr) sinkt, ist mit höchst ungehaltenen Reaktionen seitens der Investoren zu rechnen, die darin eine Vernichtung von Aktionärsvermögen sehen.

Einige Unternehmen haben Geschäftsbereiche, Sparten oder Produktlinien, die ihre Kapitalkosten nicht verdienen. Dann bleibt eigentlich nichts anderes übrig, als entweder die Rendite zu verbessern oder sich von diesen Bereichen zu trennen. Viele CEOs oder Geschäftsbereichsleiter entschließen sich zum Verkauf der betreffenden Sparte (Divestment) oder zur Einstellung der Produktlinie. Jack Welch folgte diesem Grundsatz bei GE in den frühen 80er Jahren, als er sagte, jeder GE-Geschäftsbereich, der es nicht auf Platz eins oder zwei in seiner Branche schaffte und eine angemessene Rendite auf die Kapitaleinlagen der Aktionäre verdiene, müsse entweder saniert oder verkauft werden.

Selbst wenn Sie den Kapitaldienst Ihres Unternehmens nicht kennen, können Sie mit Vorschlägen zur Verbesserung der Rendite Entscheidendes bewirken. Angenommen, Sie arbeiten in einer Automobilfirma, und Ihnen fällt beispielsweise auf, dass die Rendite im Kleinwagenbereich zu wünschen übrig lässt. (In der Tat haben die Autohersteller auf ihre Sachanlagen in der Kleinwagensparte eine Rendite von weniger als zwei Prozent und damit nicht einmal die Kapitalkosten verdient.) Was könnte man ändern? Wie könnte diese Sparte Ihres Unternehmens eine höhere Rendite erwirtschaften? Denken Sie an beide Faktoren der Gleichung: Gewinnmarge und Umschlaggeschwindigkeit.

Wachstum

Ohne Wachstum kein Wohlstand. Jeder Mensch, jedes Unternehmen und jede Volkswirtschaft braucht Wachstum. Arbeiten Sie für ein wachsendes Unternehmen? Wächst es gewinnbringend und ohne Rückgang der Umschlaggeschwindigkeit? Was passiert, wenn die Wachstumsrate niedrig oder gar negativ ist?

Wenn Ihr Unternehmen als Ganzes oder Ihre Sparte gegenüber der Konkurrenz ins Hintertreffen gerät, hat dies auch Auswirkungen auf Ihr persönliches Fortkommen. Hat ein Unternehmen fünf oder sechs Jahre lang eine Umsatzflaute, schwinden die Chancen der Mitarbeiter auf Beförderung und Karriere. Die Geschäftsleitung fängt dann an, Kosten zu senken, Arbeitskräfte einzusparen, Führungsebenen zu beschneiden. F&E und Werbung müssen die Gürtel enger schnallen, gute Leute wandern ab und das Unternehmen landet schließlich in einer Todesspirale. Die Leidtragenden sind die Mitarbeiter.

Heutzutage bedeutet Nullwachstum, einer Welt hinterherzuhinken, die täglich wächst. Wenn Ihr Unternehmen nicht wächst, werden Sie am Ende von einem Wettbewerber übernommen. Beispiel: Westinghouse, das einst mit GE verglichen wurde. Es kam von seinem Kurs ab und konzentrierte sich nicht mehr auf Wachstum und Produktivität – heute existiert es nicht mehr. Oder Digital Equipment Corporation, ein Unternehmen, das vor noch nicht allzu langer Zeit der zweitgrößte Computerproduzent der Welt war. Das Unternehmen hielt an der Herstellung mittelgroßer Computer fest, während alle Welt sich dem PC zuwandte. Während Neulinge auf dem PC-Markt wie Dell und Compaq wuchsen, fiel Digital Equipment zurück. Es verlor seine Eigenständigkeit, als es von Compaq aufgekauft wurde.

Wenn Sie schon einmal etwas von Shareholder-Value gehört haben ...

Jedes Unternehmen muss eine Rendite erzielen, die höher ist als die Kosten, die es für den Einsatz anderer Leute Geld (Banken, Anteilseigner oder Inhaber) bezahlen muss. Damit dieses Gebot der Dreh- und Angelpunkt ihres Handelns bleibt, bedienen sich viele Unternehmen heute einer Messgröße, die sich *Shareholder Value Added (SVA)* nennt. SVA ist eine Art Kürzel für die Beurteilung der Leistung eines Unternehmens insgesamt. Genügt sie den grundlegenden Ansprüchen der Investoren oder genügt sie ihnen nicht?

Sicherlich ist der SVA ein brauchbarer Einzelmaßstab und spiegelt den wirtschaftlichen Erfolg eines Unternehmens wider, aber um zu verstehen, was wirklich im Innern eines Unternehmens geschieht, ist er wenig hilfreich. Aus diesem Grunde verliert ein guter CEO nie die erfolgsentscheidenden Kernelemente aus dem Blick – Cash, Gewinnmarge, Umschlaggeschwindigkeit, Rendite und Wachstum. Diese Elemente hat der Straßenverkäufer immer im Hinterkopf, wenn er die notwendigen Entscheidungen zur Sicherung seines Einkommens treffen muss. In einem Großunternehmen ist dies nicht anders.

Alle Unternehmen sind im Prinzip gleich

> Durch eingehendes Sondieren der realen Sachverhalte, die den Elementen Cash, Gewinnmarge, Umschlaggeschwindigkeit, Rendite und Wachstum zugrunde liegen, ergeben sich Hinweise, wo Schwerpunkte gesetzt und Änderungen herbeigeführt werden müssen.

Wachstum hat auch eine psychologische Dimension: Es führt einem Unternehmen neue Energien zu. Eine expandierende Firma zieht frische Talente mit neuen Ideen an. Sie fordert deren Fähigkeiten heraus und schafft neue Chancen. Die Mitarbeiter fühlen sich motiviert, wenn ihnen die Kunden versichern, dass sie die Besten sind, und ihnen weitere Geschäfte in Aussicht stellen.

Schauen Sie sich die Welt der Internetunternehmen und anderer Technologiefirmen an. Zumindest bis vor kurzem waren die jungen Leute so erpicht darauf, für ein Dotcom zu arbeiten, dass sie Studium und Ausbildung erst einmal hintanstellten. Und die ehrwürdigen alten Firmen hatten ihre liebe Mühe, Absolventen der besten Hochschulen anzuwerben und ihre Spitzenleute zu halten, während Firmen wie Cisco, Intel, Nokia, Microsoft und Oracle unverhältnismäßig viele Talente anlocken konnten. Selbst ein so kleiner Neuling wie Teligent konnte den früheren Topmann von AT&T, Alex Mandl, für sich gewinnen. Was macht die Attraktivität dieser Firmen aus? Wachstum und all die damit einhergehenden Möglichkeiten und aufregenden Versprechungen – die Chance, etwas aufzubauen, etwas zu bewegen und zum Erfolg zu führen.

Wachstum der richtigen Art

Aber Wachstum nur um des Wachstums willen macht keinen Sinn. Wachstum muss profitabel und nachhaltig sein. Wachstum muss von besseren Gewinnspannen und Umschlaggeschwindigkeiten begleitet sein und die Cash-Generierung muss Schritt halten können.

Vielen Unternehmern, durch Erfolge in kleinem Rahmen auf den Geschmack gekommen, wird Wachstum zur Obsession, wobei sie die Kernelemente des Geschäftserfolgs unterwegs aus den Augen verlieren. Typisch hierfür ist der Fall eines Unternehmers, der Getränkeservice-Einrichtungen an Restaurants lieferte. Er baute ein profitables Geschäft auf, indem er Service-Einrichtungen für 2 000 US-Dollar pro Anlage installierte und danach von den Restaurants 100 US-Dollar pro Monat für die gelieferten Komponenten kassierte. Um die Anlagen installieren zu können, nahm er Kredit auf. Die Gewinnmarge bei den Komponenten war so schmal, dass sie die Zinsen für das aufgenommene Geld nicht deckte. Trotzdem war der ambitionierte Jungunternehmer auf Wachstum fixiert.

Mit zunehmender Expansion dauerte es nicht lange, bis die Cash-Ausgänge die Zuflüsse überstiegen. Schließlich ging das Unternehmen in Konkurs, und die Geldgeber entschieden, die Geschäftsführung in andere Hände zu legen.

Zuweilen leisten Führungskräfte unprofitablem Wachstum unabsichtlich Vorschub, indem sie dem Verkaufsstab falsche Leistungsanreize geben. Beispielsweise machte ein auf Spritzgießverfahren spezialisiertes 16-Millionen-US-Dollar-Unternehmen die Vergütung seines

Alle Unternehmen sind im Prinzip gleich

Außendienstes vom Erlös aus dem Verkauf von Plastikkappen abhängig, ohne Rücksicht darauf, ob das Unternehmen damit einen Gewinn machte oder nicht. Alle waren wie elektrisiert, als das Unternehmen Aufträge mit zwei Großkunden über 4 Millionen US-Dollar an Land ziehen konnte. Aber in den folgenden Jahren schrumpften die Gewinnspannen, trotz der steigenden Umsätze. Schließlich erkannte die Unternehmensleitung, dass das neue Geschäft, das alle so begeistert hatte, im Endeffekt ein Verlustgeschäft war. Der Preis der neuen Kappen deckte nicht einmal die Produktionskosten. Schlimmer noch, das Verkaufsteam musste jedes Jahr Preiszugeständnisse machen, um im Geschäft zu bleiben.

Das traurige Ende fehlgeleiteter Expansionspläne ist oft der Konkurs. Im August 2000 trug sich einer der größten Geräteeinzelhändler der Vereinigten Staaten in die Liste der Firmen ein, die, als ihre ehrgeizigen Wachstumspläne schief gingen, Zahlungsunfähigkeit anmeldeten und Schutz vor ihren Gläubigern beantragten.

In den 90ern war das Unternehmen auf schnellen Expansionskurs gegangen, wozu die Eröffnung von 80 bis 100 Läden pro Jahr gehörte, einige davon erstmalig auch außerhalb der Vereinigten Staaten. Der Umsatz stieg stetig, von unter 500 Millionen US-Dollar auf deutlich über 2 Milliarden US-Dollar, und zumindest in den ersten Jahren kletterte auch der Gewinn pro Aktie Schritt für Schritt nach oben. Aber ab 1995, als sich das Akquisitionstempo beschleunigte, ging es mit den Gewinnen aus mehreren Gründen steil bergab.

Was war geschehen? Zunächst einmal hatte das Unternehmen trotz veränderter Umstände weitgehend an seinem bisherigen Geschäftskonzept festgehalten. Es hatte nicht nur seine Geräte verkauft, sondern sich auch auf dem einst höchst lukrativen Sektor der Gewährung von Kundenkrediten getummelt. Als dann das Kreditkartengeschäft allmählich zu florieren begann und die Kunden ihre gekauften Geräte lieber mit der Karte bezahlten, anstatt den Kundenkredit im Laden in Anspruch zu nehmen, ging dem Unternehmen eine Haupteinnahmequelle verloren. Immer öfter blieben ihm nur die Risikokunden, die zum Teil ihre Kredite nicht zurückzahlten. Hinzu kam, dass in den neuen Geschäften die Umsatzerwartungen nicht immer erfüllt wurden und der Umsatz in älteren Läden immer mehr wegbrach, weil dringend notwendige Renovierungsarbeiten versäumt wurden.

1998 schrieb das Unternehmen Verluste und 1999 blies es zum Rückzug. Es schloss Läden und verkaufte einige Sparten. Trotzdem blieb die Schuldenlast zu hoch, und im August 2000 meldete das Unternehmen unter der Leitung eines neuen CEO Insolvenz an.

Größe sollte also für Sie kein Erfolgsmaßstab sein. Den Umsatzerlös in die Höhe zu treiben, ist nicht notwendigerweise auch ein gutes Geschäft. Sie müssen wissen, wie und warum Sie wachsen. Und Sie müssen abwägen, ob Ihr Wachstum auch Zukunft hat.

Sehen Sie sich an, was mit Ihrer Cash-Situation geschieht. Vielleicht steigt der Umsatz, aber die Liquidität verschlechtert sich. Halten Sie einen Moment inne und überlegen Sie. Wachsen Sie auf eine Art und Weise, dass

Alle Unternehmen sind im Prinzip gleich

Cash erzeugt oder verbraucht wird? Verbessert oder verschlechtert sich Ihre Gewinnmarge?

Wenn sich die Gewinnsituation und auch die Kassenlagen verbessert, stehen Ihnen einige interessante Alternativen offen. Sie könnten mit den verfügbaren Mitteln ein neues Produkt entwickeln, ein anderes Unternehmen kaufen oder in ein neues Land expandieren. Vielleicht möchten Sie Ihrem Produkt auch ein paar zusätzliche neue Merkmale geben, die es attraktiver machen. Vielleicht können Sie die Preise senken und die Nachfrage gewinnbringend ankurbeln.

Möglichkeiten für profitables Wachstum aufzuspüren, wenn andere dies nicht können, ist ein Zeichen von gesundem Business-Verstand. Sam Walton, Gründer von Wal-Mart, wusste, wie man ein Unternehmen auf Wachstumskurs bringt, auch wenn seine Branchenkollegen dies angesichts der Marktsituation für unmöglich hielten. 1975 hörte ich an der Kellogg School of Business der Northwestern University einen Vortrag des CEO von Sears, Roebuck, in dem er uns Studenten erklärte, der Einzelhandel in den USA sei ein ausgereizter Markt und eine wachstumslose Branche. Deshalb diversifiziere er in den Finanzdienstleistungssektor. Just zur gleichen Zeit eröffnete Sam Walton einen Laden nach dem anderen und konnte seine Gesamtkapitalrendite auf einem Niveau halten, das deutlich über dem Branchendurchschnitt lag.

Wal-Mart hat den Abstand zwischen sich und Sears noch ausgedehnt. Obwohl die beiden Unternehmen 1992 ungefähr die gleiche Größe hatten, machte Wal-Mart zum Stichtag am 31. Januar 2000 einen Jahresumsatz von 165 Milliarden US-Dollar, während Sears im gleichen Zeitraum nur 40 Milliarden US-Dollar erzielte. Während des Expansionsprozesses konnte Wal-Mart sowohl seine Gewinnspanne als auch seine Umschlaggeschwindigkeit verbessern. Dank seiner höheren Rendite verfügt Wal-Mart über Ressourcen, die es ihm erlauben, international zu expandieren.

Die Möglichkeiten für profitables Wachstum mögen häufig im Verborgenen liegen, insbesondere in großen etablierten Firmen. Aber mit Tatkraft, Zähigkeit und Risikobereitschaft können Sie und Ihre Kollegen solchen Chancen auf die Spur kommen. Nehmen Sie zum Beispiel Ford. Wie Jac Nasser der Investorengemeinde anlässlich eines Gesprächs mit Wertpapieranalysten im Januar 1999 mitteilte, sei Ford gerade dabei, verschiedene Wachstumspfade auszuloten, und diejenigen mit dem größten Wertschöpfungspotenzial sollten weiterverfolgt werden. Eine Wachstumsoption sei, dem Kunden eine Palette von Dienstleistungen im Zusammenhang mit seinem Auto anzubieten. Ford – so Nassers Plan – solle sich dieses Feld mithilfe von Akquisitionen und durch Nutzung von Nachbarschaften erobern. *Nachbarschaften* war sein Terminus für die Marktsegmente, die sich vom Ford-Kerngeschäft unterscheiden, aber eng mit ihm verknüpft sind – so wie Nike neben seiner Kernaktivität, dem Sportschuhgeschäft, auch Sportbekleidung anbietet.

Hinter diesem Plan steckte folgende Überlegung: Ein Kunde, der ein Auto kauft, kommt nicht umhin, dieses zu finanzieren und zu versichern, es warten zu lassen und irgendwann auch Ersatzteile zu kaufen. Finanzierung, Versicherung, Wartung und Fahrzeugteile sind eigene, aber eng mit dem eigentlichen Fahrzeugkauf verbundene Marktsegmente. Über den gesamten Lebenszyklus eines Autos gesehen, gibt sein Besitzer für diese Dinge durchschnittlich 68 000 US-Dollar aus – fast dreieinhalbmal so viel, wie er im Schnitt für die Anschaffung seines Fahrzeugs bezahlt hat. Ford hofft, durch Partizipation an all diesen Segmenten zu wachsen und Mehrwert für die Aktionäre zu schaffen. Aus diesem Grund erwarb es 1999 Kwik-Fit, eine US-Dollarpäische Werkstattkette, und die Firma Automobile Protection Corporation, die einen erweiterten, markenunabhängigen Werkstattservice anbietet.

Ford plant außerdem, dem Unternehmen durch aggressive Nutzung des E-Commerce einen Wachstumsschub zu geben. Mithilfe des Internets will es mehr Kunden in kürzerer Zeit erreichen und eine bessere Kommunikation mit Lieferanten und Händlern herstellen, damit die Kunden schneller ihre gewünschten Autos bekommen. Ford verspricht sich davon eine Steigerung der Kundenzufriedenheit und des Umsatzes.

Kunden

Der Straßenhändler kennt seine Kunden genau. Durch schlichtes Beobachten findet er heraus, ob sie sein Obst mögen, ob ihre Zufriedenheit nachlässt, ob sie ihre Präferenzen ändern. Ein CEO mit gesundem Business-Verstand tut nichts anderes. Er hat die gleichen engen Beziehungen zu seinen Kunden und ist der festen Überzeugung, dass sein Unternehmen ohne ihre Zufriedenheit nicht gedeihen kann. Dies ist ein universelles Gesetz unternehmerischen Erfolgs.

Obwohl viele Firmen zu wissenschaftlichen Forschungsmethoden wie Markterhebungen und Zielgruppenuntersuchungen greifen, um die Wünsche der Verbraucher zu erkunden, verlassen sich die besten Unternehmenslenker nicht allein auf sterile Daten. Sie wissen: Wenn sie sich zu weit vom eigentlichen Marktgeschehen entfernen, besteht die Gefahr, dass sie wichtige Veränderungen und Chancen verpassen. Viele von ihnen legen besonderen Wert auf direkte Kommunikation und unmittelbaren Gedankenaustausch mit den Menschen, die ihre Produkte und Dienstleistungen in Anspruch nehmen. Sam Walton von Wal-Mart ist das Paradebeispiel eines CEO, der nie die Tuchfühlung zu den Kunden verloren hat. Selbst als Herrscher über ein Einzelhandelsimperium mit einem Umsatz von 30 Milliarden US-Dollar ließ er es sich nicht nehmen, regelmäßig seine Geschäfte zu besuchen, um sich vor Ort ein eigenes Bild zu machen.

Als Chuck Conaway im Mai 2000 sein Amt als neuer CEO bei Kmart antrat, statteten er und sein neu ernannter Personalchef David Rots den Geschäften viele, meist unangekündigte Stippvisiten ab. Sie suchten das persönliche Gespräch mit Kunden und Angestellten. Bereitwillig rückten die Kunden mit der Sprache heraus und beklagten sich über Mängel, die Conaway und Rots selbst sahen: Lange Schlangen vor den Kassen, voll gestopfte Gänge und vergriffene Produkte – nicht gerade das, was das Einkaufen zu einem positiven Erlebnis macht. Kein Wunder, dass das Wachstum zu wünschen übrig ließ und Gewinnspanne und Umschlaggeschwindigkeit von Kmart gerade einmal halb so groß waren wie bei Wal-Mart. Durch den direkten, ungefilterten

Alle Unternehmen sind im Prinzip gleich

Kontakt zu den Kunden konnten bestimmte verbesserungsbedürftige Schwachstellen aufgespürt werden.

Auch Jac Nasser hat sich überall in der Welt Zeit für seine Kunden genommen, um aus erster Hand ihre Meinung zu den Personen- und Geländewagen von Ford zu erfahren. Auf seinen Reisen durch die verschiedensten Länder hat er besonders den Kontakt zu jungen Leuten gesucht, um im Gespräch mit ihnen den neusten Farb- und Geschmackstrends auf die Spur zu kommen.

Direkte Kommunikation fördert Erkenntnisse zutage, wie es keine andere Marktforschungsmethode vermag. So hörte Jac Nasser einmal während eines Treffens mit einer Gruppe junger Latinos in Miami, wie ein junger Mann sagte, er habe keine besonderen Extras in seinem Wagen. Neugierig geworden, ließ er sich von dem stolzen Autobesitzer zu einer kleinen Probefahrt einladen. Als er sich in das Auto setzte, entdeckte er sehr wohl einige neue Extras, unter anderem eine Anhängerkupplung, einen speziellen Weitwinkel-Rückspiegel, Gummimatten und spezielle Scheinwerfer. Der Besitzer fand diese Dinge nicht der Erwähnung wert, denn sie waren inzwischen „Standard".

Nassers Überzeugung von der Wichtigkeit enger Tuchfühlung zum Kunden führte angesichts des schrumpfenden Ford-Marktanteils bei Autos der Luxusklasse in den Jahren 1997-1998 zu der Entscheidung, die Sparte Lincoln Mercury nach Kalifornien zu verlagern. Die Absicht war, einen direkten Kontakt der Luxuswagensparte zu den begüterten kalifornischen Kunden, den Trendsettern in diesem Marktsegment, herzustellen.

Die besten CEOs wissen, dass es kurzsichtig ist, immer nur den Geldbeutel im Blick zu haben – auf Kosten des Kunden. Daraus erklärt sich auch die Reaktion Nassers auf den Rückruf von 6,5 Millionen Firestone-Reifen, die im August 2000 serienmäßig am Ford Explorer angebracht worden waren. Um den Kunden schneller zu ihren Ersatzreifen zu verhelfen, ließ Nasser in drei Werken drei Wochen lang den Produktionsbetrieb stilllegen. Obwohl ihm klar war, dass Ford damit vorübergehend weniger Geld verdiente, stand für ihn die Sicherheit des Kunden an erster Stelle. Schließlich ist ohne das Vertrauen des Kunden alles andere vergebliche Liebesmüh.

Der Begriff „Kunde" wird unterschiedlich verwendet. In Ihrem Unternehmen ist „Kunde" vielleicht die übliche Bezeichnung für die Leute, die Ihre Produkte kaufen und einsetzen. Diese können, müssen aber nicht unbedingt diejenigen sein, die letztlich das Produkt benutzen – die Verbraucher. Den Unterschied sollten Sie auf jeden Fall beachten. Wenn die Firma Colgate-Palmolive neue Produkte entwickelt, versucht sie, die Bedürfnisse und Wünsche der *Verbraucher* nachzuvollziehen, aber viele ihrer Tätigkeiten – Logistik, Sonderangebote, Auftragsplanung, Regalplatzsicherung, Merchandising – sind auf *Kunden* wie Wal-Mart ausgerichtet.

Bezüglich der Verbraucher sollten Sie keine komplizierten gedanklichen Umwege machen. Überlegen Sie sich schlicht und einfach: Was kauft der Verbraucher? Möglicherweise nicht allein das konkrete Produkt. Vielleicht kauft er auch Zuverlässigkeit, Bequemlichkeit oder Service. Für viele Unternehmen wie für den Straßenhändler gilt: Der Verbraucher kauft immer auch Vertrauenswürdigkeit.

Alle Unternehmen sind im Prinzip gleich

So manches Unternehmen gerät in die Bredouille, weil die Führungsleute den Kontakt zum Verbraucher verlieren. Nehmen wir wieder Sears als Beispiel dafür, wie wichtig es ist, den Verbraucher zu kennen. Ende der 80er- und Anfang der 90er-Jahre kauften die Frauen der Mittelschicht ihre Kleider entweder in gehobenen Kaufhäusern, die Markenbekleidung mit hohen Gewinnspannen preiswerter verkauften, oder bei Discountern, die das Niveau ihres Sortiments anhoben, die Preise jedoch niedrig hielten. Dieser Trend ging völlig an Sears vorbei. Es bezog seine Bekleidungsartikel von den seit Jahren gewohnten Lieferanten und zu Preisen, die mit den Discountern nicht mithalten konnten. Der Verbraucher bekam weder die gewünschte Mode noch den gewünschten Preis.

Arthur Martinez, der 1992 bei Sears als Leiter der Merchandising-Abteilung anfing und 1995 CEO wurde, trug der Tatsache Rechnung, dass die Kundinnen das Bekleidungsangebot von Sears schlicht und einfach nicht mochten. Das Unternehmen startete daraufhin eine Erweiterung und Neugestaltung der Abteilungen für Damenoberbekleidung, die fast zwei Drittel des Betriebsergebnisses (Gewinn aus normaler Geschäftstätigkeit, nicht bereinigt um Erträge und Aufwendungen aus dem Verkauf von Vermögenswerten, der Zahlung von Steuern und Ähnlichem) generierten. Außerdem begann Sears, verstärkt auf bekannte Markennamen zu setzen, und machte mit einer gezielten Kampagne („softer side of Sears") Werbung für seine neue unternehmenspolitische Ausrichtung.

Die Konzentration auf den Kunden zahlte sich aus: Der Umsatz von Sears stieg stetig von 29 Milliarden US-

Dollar in 1994 auf 31 Milliarden US-Dollar in 1995 und 33 Milliarden US-Dollar in 1996. Das operative Ergebnis erhöhte sich in den jeweiligen Jahren von 4,9 Prozent des Umsatzes auf 5,4 Prozent, dann auf 6,1 Prozent. (In den späten 90ern konnte Sears angesichts der heftigen Konkurrenz durch Target, Wal-Mart und andere Einzelhändler seinen Platz allerdings nicht länger behaupten.)

Wenn Sie frühere Preise und Gewinnspannen nicht mehr erreichen, sprechen Sie mit dem Verbraucher und Sie werden den Grund erfahren. Beobachten Sie die Verbraucher direkt und ungefiltert, nicht durch die Brille des Vertriebs oder anderer Mittelsmänner.

Es wird viel über Kundenloyalität gesprochen. Aber die Treue des Kunden müssen Sie sich bei jedem Kontakt immer wieder neu verdienen. Der Kunde braucht einen ganz einfachen Grund, warum er bei Ihnen kaufen soll. Sie müssen ihm etwas geben, was er wirklich braucht und wünscht. Sie können erfahren, was er braucht – von ihm selbst. Eigentlich sagt das schon der gesunde Menschenverstand, aber Sie wären überrascht, wenn Sie wüssten, wie oft es im Geschäftsleben an ebendiesem fehlt.

— 3 —

Das Unternehmen in der Gesamtschau

Wie sich die Teile zusammenfügen

Die grundlegenden Erfolgskomponenten eines Unternehmens – Cash, Gewinnmarge, Umschlaggeschwindigkeit, Rendite und Wachstum – sind allesamt messbar. Aber Menschen mit gesundem Business-Verstand prägen sich diese Wörter nicht wie Fachbegriffe aus einem Lehrbuch ein. Sie verstehen ihre wahre Bedeutung, spüren instinktiv ihre Beziehung zueinander und verdichten sie vor ihrem geistigen Auge zu einem ganzheitlichen Bild. Echte Geschäftsleute fügen die Einzelelemente zusammen, um intuitiv das Unternehmen in seiner Ganzheit zu erfassen.

Die ärztliche Diagnose sei hier als simpler Vergleich angeführt. Ein Arzt fühlt den Puls, macht ein Blutbild, misst die Temperatur und so weiter – alles einfache Messungen, die ihm die Reaktion bestimmter Körperfunktionen anzeigen. Aber egal wie viele Tests er auch durchführt, eine gute Diagnose verlangt ein Urteil über den Gesamtgesundheitszustand des Körpers. Verbessert oder verschlechtert er sich? Ein versierter Arzt vermag sogar Leben zu retten, wenn er aus den Messwerten ableiten kann, dass der Körper an einer bislang unbehandelten Krankheit leidet.

Als Jack Welch von GE im Juli 2000 eine 21-prozentige Ertragssteigerung seines Unternehmens im zweiten Quartal bekannt gab, wurde er in der Presse mit den Worten zitiert, das Ergebnis zeige die Fähigkeit des Unternehmens, „erstklassiges Wachstum, höhere Gewinnspannen und kräftige Cash-Zuwächse" zu erreichen. Sie sehen seine unternehmerische Denkweise – Cash, Marge und Wachstum. Gegenüber dem Vorjahr hatte GE seine operative Gewinnmarge gesteigert, den Umsatz erhöht und im ersten Halbjahr 5,9 Milliarden US-Dollar Cash erwirtschaftet. Die Resultate in den einzelnen Kernelementen bezeugten, dass GE als Gesamtunternehmen florierte.

Jack Welch hat hier seine meisterhafte Beherrschung des Zusammenspiels von Cash, Gewinnmarge, Umschlaggeschwindigkeit, Rendite, Wachstum und Kunden unter Beweis gestellt. Er hat gezeigt, dass ein Unternehmen, das seine Produktivität stetig steigert, auch seine Gewinnspannen verbessert und Cash erzeugt. Wenn es Ihrem Unternehmen gelingt, seine Gewinnmargen und seine Umschlaggeschwindigkeit zu erhöhen, bekommt es mehr Spielraum für eine intensivere Kundenpflege, kann sich auf diese Weise einen größeren Marktanteil erobern und stärker wachsen.

Ein weiteres Beispiel stammt aus den Archiven der Ford Motor Company und aus dem Buch *The Public Image of Henry Ford* von David L. Lewis. Henry Ford hatte ein intuitives Gespür für die Gesamtzusammenhänge in einem Unternehmen. Nicht nur dass er legendäre fertigungstechnische Neuerungen initiierte, er senkte auch von 1909 bis 1915 jedes Jahr den Preis eines bestimmten PKW-Modells und führte die Fünftagewoche ein.

Henry Ford verstand offenbar, dass zwischen niedrigeren Preisen und höheren Löhnen ein Zusammenhang bestand, der dem finanziellen Wohlergehen der Firma nur zugute kommen konnte. 1914 gab Ford bekannt, dass das Unternehmen seinen Arbeitern ein Minimum von fünf US-Dollar pro Tag zahlen werde. Die Lohnsteigerung (gegenüber zuvor 2,34 US-Dollar) war enorm und vollzog sich während eines weltweiten leichten Konjunkturabschwungs und in einer Zeit, als andere Automobilfirmen ihren Arbeitern weniger als die Hälfte zahlten.

Höhere Löhne verhalfen mehr Menschen zum nötigen Kleingeld, um sich ein Auto leisten zu können. Ein französischer Experte brachte es auf den Punkt, als er in den fünfziger Jahren schrieb, die fünf US-Dollar pro Tag „machten aus jedem Arbeiter einen potenziellen Kunden". Mehr Kunden bedeuteten mehr Geld, folglich mehr Spielraum für Preissenkungen. Niedrigere Preise machten das Auto für noch mehr Menschen erschwinglich und so weiter.

Es gibt eine weitere Geschichte, die von dem überragenden Business-Verstand Henry Fords zeugt. 1916 wollten zwei Ford-Anteilseigner, die Brüder Dodge, vor Gericht eine Ausschüttung höherer Dividenden erstreiten. Während des Gerichtsverfahrens griff ihr Anwalt Henry Ford wegen seiner Unternehmensführung an.

Der Anwalt fragte, was denn für die Anteilseigner dabei herauskäme, wenn Mr. Ford „auch weiterhin eine große Armee hoch bezahlter Leute beschäftigt, den Preis des Autos ständig senkt, damit es sich eine Menge Leute leisten können, und auch in Zukunft jedem, der möchte, ein Auto gibt".

Henry Ford war sehr angetan von dieser Charakterisierung seines Führungsansatzes. Er antwortete: „Sollte all das gelingen, wird es den reinsten Geldsegen geben; es ist geradezu zwangsläufig." Henry Ford wusste, dass die Ford Motor Company ein Erfolgsrezept hatte. Die Kernelemente der Gewinnerzielung – Cash, Gewinnmarge, Umschlaggeschwindigkeit, Rendite, Wachstum und Kunden – und ihre Wechselwirkungen waren die Grundlagen für ein robustes Unternehmen, das auf Dauer gutes Geld verdienen konnte.

Henry Ford hatte Spaß am Geldverdienen. Denselben Spaß und denselben Kitzel können Sie empfinden, wenn Sie anfangen, die universellen Gesetze des Geschäftserfolgs auf Ihre Firma zu übertragen. Doch zunächst müssen Sie einige grundlegende Informationen zusammentragen.

Beginnen Sie mit den Kernelementen des Geldverdienens. Dann versuchen Sie, ein Gespür dafür zu bekommen, wie sie zusammenwirken. Blicken Sie auf Ihr Unternehmen mit den Augen eines Straßenhändlers. Sicherlich wissen Sie eine Menge über die äußeren Fakten Ihrer Firma – zum Beispiel, welche Produkte und Dienstleistungen sie verkauft und wie viel Produktionsstätten sie hat. Diese Informationen dürften in den meisten Unternehmen allgemein bekannt sein. Der Straßenhändler hat ähnliche Fakten – beispielsweise kennt er die Lieferanten, von denen er seine Ware bezieht.

Aber jetzt zeigt sich, wo der Unterschied zwischen dem Straßenhändler und den meisten heutzutage im Geschäftsleben tätigen Menschen liegt. Sind Sie in der Lage, für Ihr Unternehmen die nachstehenden Fragen zu beantworten? Wir haben Ihnen am Beispiel der beiden Firmen Ford Automotive Operations (Personen- und Geländewagensparte der Ford Motor Company) und Gateway Computer einmal aufgezeigt, wie solche Antworten aussehen könnten:

- *Wie hoch war der Umsatz Ihres Unternehmens im vergangenen Jahr?*
  Ford Automotive erzielte 1999 weltweit 137 Milliarden US-Dollar – einen absoluten Rekord.
  Gateway lag 1999 bei 8,6 Milliarden US-Dollar; es war das beste Ergebnis aller Zeiten und übertraf den Vorjahresumsatz um 1,2 Milliarden US-Dollar.

- *Wächst Ihr Unternehmen? Oder ist die Wachstumslinie flach oder rückläufig? Ist dieser Wachstumsverlauf gut genug?*
  Fords Umsatz stieg von 1998 bis 1999 um 15 Prozent. Von 1997 bis 1998 war er um 3 Prozent gefallen. Davor war der Umsatz jährlich um 5 Prozent gestiegen, was teilweise darauf zurückzuführen war, dass zum Produktmix mehr höherpreisige Fahrzeuge gehörten.
  Gateway konnte seinen Umsatz im vergangenen Jahrzehnt stetig steigern. Von 1998 bis 1999 wuchs der Umsatz um 15,7 Prozent.

- *Wie hoch ist die Gewinnmarge Ihres Unternehmens? Zeigt sie nach oben, nach unten oder ist sie gleich geblieben?*
  Bei Ford Automotive betrug 1999 die Gewinnmarge nach Steuern 4,2 Prozent. Es war die beste seit 1988.
  Gateway hatte eine Marge nach Steuern von 4,9 Prozent, konnte damit im Vergleich zur Vorjahresmarge von 4,6 Prozent etwas zulegen. (Fällt Ihnen zu 4 Prozent etwas ein – sagen wir ein Wal-Mart-Geschäft oder ein Lebensmittelladen? Richtig! Im Kern unterscheidet sich eine PC-Firma nicht sonderlich von einem Lebensmittelladen. Beide Unternehmen sind extrem wettbewerbsabhängig und beide verkaufen Waren, die schnell veralten können.)

- *Wie sieht Ihre Gewinnmarge im Vergleich zur Konkurrenz aus? Im Vergleich zu anderen Branchen?*
  Fords Gewinnmarge lag Ende 1999 über der von General Motors und auch über der von Toyota.
  Die Marge von Gateway war höher als die von Compaq (1,5 Prozent), aber niedriger als die von Dell (7,4 Prozent).

- *Kennen Sie die Lager-Umschlaggeschwindigkeit Ihres Unternehmens? Die Gesamtkapital-Umschlaggeschwindigkeit?*
  Fords Lager-Umschlaggeschwindigkeit liegt bei ungefähr 21, aber darin sind *nicht* die Fahrzeuge enthalten, die sich auf dem Weg vom Werk zum Händler oder auf dem Gelände des Händlers befinden. Bei Berücksichtigung all dieser Faktoren würde sich die Lager-Umschlaggeschwindigkeit wesentlich verringern.

Fords Gesamtkapital-Umschlaggeschwindigkeit weicht stark von seiner Lager-Umschlaggeschwindigkeit ab. Wenn Sie den Kapitaleinsatz Fords in Produktionsstätten, Gebäude, Maschinen, Geräte und Forderungen zusätzlich zu dem in Lagerbeständen gebundenen Kapital berücksichtigen, verändert sich die Umschlaggeschwindigkeit für das Jahr 1999 von 21 auf 1,3. Fords Gesamtkapital-Umschlaggeschwindigkeit beträgt 1,3.

Die Lager-Umschlaggeschwindigkeit von Gateway betrug satte 45. Die Gesamtkapital-Umschlaggeschwindigkeit – Umsatz dividiert durch Gesamtvermögen, nicht nur dividiert durch Lagerbestand – lag bei 12,6.

- *Wie hoch ist die Gesamtkapitalrendite (ROA) Ihres Unternehmens?*

Wenn Sie die Gewinnmarge und die Umschlaggeschwindigkeit kennen, können Sie diese mithilfe der Formel $R = G \times U$ ausrechnen. Für Ford sieht dies folgendermaßen aus:

Ford-Gesamtkapitalrendite = 4,2 % Gewinnmarge nach Steuern x 1,3 Gesamtkapital-Umschlaggeschwindigkeit

Die Gesamtkapitalrendite R von Ford liegt bei etwa 5,5 Prozent, entspricht damit nicht den Zielen der Geschäftsleitung.

Stellen wir dieselbe Rechnung für Gateway an:

Gateway-Gesamtkapitalrendite = 4,9 % Gewinnmarge nach Steuern x 12,6 Gesamtkapital-Umschlaggeschwindigkeit

> Die Gesamtkapitalrendite R von Gateway beträgt 61,7 Prozent. Den Aktionären dürfte das gefallen.
>
> - *Verbessert oder verschlechtert sich Ihre Cash-Situation? Warum?*
> Ford hatte Ende 1999 Cash in Höhe von 23,6 Milliarden US-Dollar – ungefähr denselben Betrag wie Ende 1989. Aber Ford hatte Volvo gekauft und einige andere wachstumsorientierte Investitionen getätigt. Woher kamen dann die Mittel? Das Unternehmen hatte größere Investitionen in fixes Anlagevermögen kritisch unter die Lupe genommen und an der Reduzierung von Lagerbeständen gearbeitet. Ford bleibt also ein Netto-Cash-Erzeuger.
> Gateway erwirtschaftete 1999 mit seinem operativen Geschäft Cash in Höhe von 731 Millionen US-Dollar, etwas weniger als 1989. Auch dieses Unternehmen ist ein Netto-Cash-Erzeuger.
>
> - *Gewinnt oder verliert Ihr Unternehmen gegenüber der Konkurrenz?*
> Ford behauptet seinen starken Marktanteil in Nordamerika.
> Gateway steigert seinen Marktanteil und ist besonders stark bei den Verbrauchern (im Unterschied zu Unternehmenskunden). Dell und Compaq dominieren weiterhin den PC-Markt und der Anteil von IBM geht zurück.

Wenn Sie diese Fragen für Ihr Unternehmen beantworten können, sprechen Sie die universelle Business-Sprache. Sie erhalten ein *ganzheitliches Bild* Ihres Unternehmens, etwa so, wie es der Besitzer eines Tante-Emma-Ladens hat. Und es bedarf keiner endlosen Zah-

Das Unternehmen in der Gesamtschau

lenkolonnen, um es sich zu beschaffen. Umsatz, Gewinnmarge, Gesamtlagerbestände, Vermögensgegenstände und Cash – mehr ist nicht erforderlich. Sie können diese Zahlen dem Geschäftsbericht Ihrer Firma entnehmen. Und Sie müssen nicht penibel genau sein, um den Realitäten Ihres Unternehmens auf die Spur zu kommen.

Rekapitulieren wir die Fundamentaldaten von Ford:

- Umsatz 1999 von 137 Milliarden US-Dollar; Umsatzsteigerung von 1989 bis 1999, aber Umsatzeinbußen von 1997 bis 1998
- Verteidigung des starken Marktanteils in wichtigen Märkten
- Gewinnmarge von 4,2 Prozent nach Steuern
- Kapital-Umschlaggeschwindigkeit von 1,3
- Sehr niedrige Lager-Umschlaggeschwindigkeit (unter Berücksichtigung der Fahrzeuge, die sich auf dem Transport und auf dem Gelände der Händler befinden)
- Cash-Erzeuger

Rekapitulieren wir nun die Daten von Gateway Computer:

- Umsatz 1999 von 8,6 Milliarden US-Dollar; Umsatzsteigerung gegenüber 1998
- Ansteigender Marktanteil
- Gewinnmarge nach Steuern von 4,9 Prozent
- Kapital-Umschlaggeschwindigkeit von 12,6
- Sehr hohe Lager-Umschlaggeschwindigkeit von 45
- Cash-Erzeuger

Nehmen wir an, Sie würden bei Ford arbeiten und wüssten, dass Ihr Unternehmen ein Netto-Cash-Erzeuger ist, dass die Gewinnmargen im Vergleich zur Konkurrenz sehr gut, aber im Vergleich zu anderen Branchen niedrig sind, dass die Umsatzentwicklung nicht so gut ist, wie Sie es sich eigentlich wünschten, und dass die Kapital-Umschlaggeschwindigkeit niedrig ist – was würden Sie tun? Geben Ihnen diese Informationen ein besseres Gespür dafür, worauf Sie Ihr Hauptaugenmerk richten müssten? Wo Prioritäten gesetzt werden könnten? Beispielsweise würde sich anbieten, nach Möglichkeiten Ausschau halten, um die Kundenzufriedenheit zu verbessern oder die Produktivität zu erhöhen. Sie könnten sich auf die Entwicklung spannender neuer Produkte und ihre schnelle Einführung am Markt konzentrieren. Und Sie könnten sich zusätzlich dafür einsetzen, dass größere Investitionen in solchen Bereichen getätigt werden, in denen das Geschäft gewinnbringend wächst.

Nehmen wir jetzt an, Sie arbeiteten bei Gateway. Die Gewinnmarge von Gateway ist nicht viel besser als die von Ford, aber seine Lager-Umschlaggeschwindigkeit ist fantastisch. Seine Kapitalrendite ist exzellent. Das Unternehmen wächst und steigert seinen Marktanteil, aber dieser ist immer noch niedrig im Vergleich zu Dell und Compaq. Ein höherer Marktanteil wäre eine enorme Hilfe, um gegen die beiden Giganten konkurrieren zu können. Würden Sie nach Möglichkeiten suchen, um den Marktanteil über neue Produkte und Dienstleistungen zu vergrößern? Würde Ihnen die ganzheitliche Sicht des Unternehmens eine Schwerpunktbildung erleichtern?

Das Unternehmen in der Gesamtschau

Wir haben Ihnen die Fragen aufgezeigt, die Ihnen zu einem umfassenderen Verständnis Ihres Unternehmens verhelfen. Bitten Sie Ihre für Investor Relations zuständige Abteilung um die Informationen, die Sie für Ihre Antworten brauchen. Auch sind diese Zahlen heutzutage auf den Internetseiten der meisten Unternehmen zu finden. Die Wertpapieranalysten von Firmen wie Merrill Lynch verfügen ebenfalls über solche Informationen. Für Aktiengesellschaften können Sie die Daten in den Geschäftsberichten nachlesen, auf die Sie direkt und online bei der US-amerikanischen Börsenaufsicht SEC (Securities and Exchange Commission) zugreifen können (www.sec.gov/edaux/searches.htm).

Eines ist klar: Diese Informationen sind nicht vertraulich. Ihre Bitte an die Geschäftsleitung, sie Ihnen zur Verfügung zu stellen, wird Ihre feste Absicht demonstrieren, Ihre „Silo-Denkweise" zu sprengen und sich für das Unternehmen als Ganzes zu engagieren.

Bei meiner Arbeit mit Privatunternehmen (Firmen ohne Aktionäre) konnte ich feststellen, dass die Unternehmensleitungen meistens durchaus gewillt sind, ihren Mitarbeitern diese Informationen zugänglich zu machen, aber befürchten, dass sie nicht verstanden werden oder auf Desinteresse stoßen. Tragen Sie Ihren Wunsch an Ihre Geschäftsführung heran. Aller Wahrscheinlichkeit nach wird sie positiv reagieren. Vielleicht ist dieses Buch ihnen auch Anlass genug, solche Informationen regelmäßig unter die Leute zu bringen.

Vielleicht können Sie Ihre Vorgesetzten davon überzeugen, dass die universelle Business-Sprache nicht nur in die Chefetage gehört. Cash, Gewinnmarge, Umschlaggeschwindigkeit, Rendite, Wachstum und Kunden sollten zum Vokabular eines jeden Mitarbeiters gehören. Machen Sie sie darauf aufmerksam, dass Mitarbeiter mehr leisten können, wenn sie wissen, was wirklich im Unternehmen geschieht – und wenn sie von ihrem gesunden Business-Verstand Gebrauch machen können.

Teil II

Business-Verstand in der realen Welt

— 4 —

In einer komplexen Welt sorgen Führungspersönlichkeiten für Durchblick

Bestimmung der Geschäftsprioritäten

Nun wissen Sie also schon einiges darüber, was sich in der realen Welt eines Straßenverkäufers und eines CEO abspielt – und was daran ähnlich ist. Der Straßenverkäufer nutzt seinen Geschäftssinn, um sein Umfeld zu taxieren und Entscheidungen über Preise, Margen und Einkäufe zu treffen. Und als CEO wissen Sie, was das für eine Gratwanderung ist: Einerseits können Sie mit Ihren Preisen heruntergehen und auf diese Weise mehr Ware für bare Münze verkaufen; gewähren Sie andererseits keinen Preisnachlass, haben Sie noch genug Ware für den nächsten Tag, laufen aber Gefahr, dass Ihnen das Obst verdirbt oder dass Sie es sich mit den Kunden verderben.

Schauen wir uns nun die reale Welt der Unternehmen an, ob klein, mittelständisch oder groß: Viele von ihnen sind Aktiengesellschaften und werden an der

Börse empfindlich gestraft, wenn sie ihrer Verpflichtung auch nur um einen Cent pro Aktie nicht nachkommen. Die CEOs solcher Unternehmen verstehen sich auf etwas, was den meisten von uns abgeht – wie man denselben gesunden Geschäftsverstand walten lässt, den die Straßenverkäufer nutzen, um die wirklich wichtigen Veränderungen in ihrem Umfeld zu erkennen und die Komplexität ihrer Geschäfte zu klären. Sie setzen Business-Verstand zur Festlegung klarer, gezielter Prioritäten oder Aktionen ein: Nur so ist Geld in der realen Welt zu erwirtschaften und damit Mehrwert für Aktionäre und Eigentümer zu schaffen.

Jedes Unternehmen weist ein gewisses Maß an Komplexität auf. Nehmen wir Ford als Beispiel, den zweitgrößten Automobilkonzern der Welt. Ford beschäftigt rund 350 000 Mitarbeiter, verkauft in 200 Ländern und Regionen 7 Millionen Fahrzeuge im Jahr (20 000 am Tag) und betreibt 112 Werke in 38 Ländern, die alle ihre besonderen wirtschaftlichen Verhältnisse, Währungsbedingungen, Verbrauchertrends, Wettbewerbsentwicklungen und Sozialprobleme aufweisen. Ford beherbergt acht Weltmarken unter seinem Dach (Ford, Lincoln, Mercury, Volvo, Jaguar, Aston Martin, Land Rover und Mazda, wobei Ford an Letzterem mit 33 Prozent beteiligt ist) und baut zahlreiche eigene Klassiker (Mustang, Focus usw.) in verschiedenen Varianten. Ford hat Dutzende von Konkurrenten weltweit – nicht nur andere Autohersteller, sondern auch große Banken und Kreditgenossenschaften, die zu Ford Credit, der größten Automobil-Finanzierungsgesellschaft der Welt, in direktem Wettbewerb stehen. Zu dieser Komplexität kommen noch zwei weitere Faktoren hinzu, die sich jeglicher

Kontrolle entziehen und in keiner Weise voraussagen lassen: Wechselkursschwankungen (beispielsweise schwankte der US-Dollar gegenüber dem US-Dollar im Jahr 1999-2000 um 25 Prozent) sowie ständige Zinserhöhungen seitens der amerikanischen Notenbank (höhere Zinssätze verlangsamen letztlich die Wirtschaft und verringern die PKW- und LKW-Nachfrage).

Wirklich exzellente Unternehmensführer leisten etwas, was kein Computer kann: Sie sondieren das externe Umfeld und vermögen in all dem, was in der Welt geschieht, die signifikanten Muster und Trends zu erkennen.

Es handelt sich eben nicht um reine Spekulation, wenn vorausssagt wird, dass ein neuer Markt oder ein neuer Bedarf entsteht. Schließlich entwickelt sich Zukünftiges immer auf dem Boden des Gegenwärtigen. Die für den PC maßgeblichen Schlüsseltechnologien – der Monitor, das Plattenlaufwerk, die Maus, die Tastatur, die Mikroprozessoren, die Software und die Laserdrucker – gab es bereits Mitte der 70er-Jahre. Die Saat war damals gelegt worden, aber Apple hängte die auf Büroautomatisierung spezialisierten Riesenkonzerne gnadenlos ab. Xerox warb erst 1979 für seinen PC, den Alto, im Fernsehen – in der ersten PC-Werbung überhaupt. IBM brachte seinen ersten PC 1981 auf den Markt.

Allerdings hatte Steve Jobs in Zusammenarbeit mit Steve Wozniak schon vorher genügend Business-Verstand entwickelt, um das Gewinnpotenzial eines technischen Geräts zu erkennen, das Unabhängigkeit und Freiheit versprach. Mit ihrer Garagentüftelei verhalfen sie Apple 1976 zum Durchbruch. Risikokapitalgeber waren nicht vonnöten. Apple erwirtschaftete schon im ersten Monat schwarze Zahlen und erreichte innerhalb von zehn Jahren Umsätze in Milliardenhöhe.

Die besten CEOs nutzen ihren Geschäftsverstand, um innerhalb wie außerhalb des Unternehmens vorhandene Komplexitäten auf die Grundprinzipien der Gewinnerzielung zu reduzieren. Sie begrüßen diese geistige Herausforderung als eine Möglichkeit, eventuelle Fehlschlüsse in ihrer Logik zu erkennen oder auch bestätigt zu finden, dass sie auf dem richtigen Weg sind. Umso leichter fällt es ihnen, Argumente abzuwägen und entscheidungsfreudiger zu agieren.

Mit seinem Business-Verstand vermag der CEO die drei oder vier geschäftlichen Prioritäten (mehr als fünf sollten es nicht sein) zu ermitteln, die nicht nur die Kunden an das Unternehmen binden, sondern zugleich auch die Realisierung aller wichtigen Geld einbringenden Ziele gewährleisten – und das im Kontext der realen Welt.

Eine Geschäftspriorität definiert die wichtigste Aktion, die es zu einem bestimmten Zeitpunkt durchzuführen gilt. Bei GE beispielsweise ist E-Commerce – die Abwicklung von Business-Transaktionen über das Internet – eine solche geschäftliche Priorität. Und zwar aus folgendem Grund: Jack Welch, stets bereit, überall und jederzeit, von wem auch immer, zu lernen, hatte schnell erkannt, dass durch das Internet Kosten, Geschwindigkeit und Qualität der Transaktionen im Zusammenhang mit Geld- und Informationsströmen zwischen GE und seinen Lieferanten und Allianzpartnern verbessert werden konnten. Eine Transaktion, die früher 1 US-Dollar kostete, wird heute online zu gerade mal 2 ½ US-Cent abgewickelt – und obendrein viel schneller. Die Kosten sanken, die Produktivität stieg; damit erhöhten sich auch die Gewinnspannen. Am Transaktionsprozess waren weniger Vermögenswerte beteiligt, sodass sich die Umschlaggeschwindigkeit steigerte. Und wenn GE seinen Konkurrenten zuvorkam, konnte sich der Konzern einen Marktvorteil verschaffen und sein Wachstum stärken.

Die Geschäftsprioritäten bei Ford sind ein weiteres Beispiel. Im Jahr 1997 gelangte Jac Nasser, seinerzeit verantwortlich für die weltweiten Ford Automotive Operations, zu der Erkenntnis, dass der Trend einer rückläufigen Preisentwicklung anhalten würde. Er traf eine kühne Entscheidung, als er der Welt verkündete, er glaube nicht, auf Dauer eine generelle Preiserhöhung aufrechterhalten zu können. Vielmehr wolle er darauf verzichten und Gewinn bringende Geschäfte dadurch erzielen, dass er auf die richtigen Prioritäten setze. Die Margen dürften nicht rückläufig sein und Wachstum sei immer noch das Gebot der Stunde.

Die beiden Geschäftsprioritäten, die Nasser daraufhin bestimmte, betrafen zum einen Kostenreduzierungen in Höhe von 1 Milliarde US-Dollar jährlich (mit entsprechenden Kosteneinsparungsprogrammen und anschließenden Überprüfungen) und zum anderen eine Reduzierung der Kapitalinvestitionen um 1 Milliarde US-Dollar. Einige Produkte und sogar eigene Marken, die wie der Aerostar und der Vorgänger Cougar einen zusätzlichen Kapitalaufwand erforderten, mussten aufgegeben werden. Diese Entscheidung und die damit verbundenen Business-Prioritäten erwiesen sich als zutreffend. Ford erzielt trotz stabiler Preise überragende

Ergebnisse im Hinblick auf Gewinnmarge, Cash, Rentabilität und Wachstum.

Seither hat die Welt sich verändert. Bis zum Jahr 2000 war die Kosteneinsparung bei Ford gewissermaßen als Unternehmensstil etabliert und die Geschäftsprioritäten gelten nunmehr der Kundenzufriedenheit und dem E-Commerce. Diese Prioritäten bestimmen nicht nur die alltäglichen Geschäftsentscheidungen bei Ford, sondern sind auch maßgeblich für die Reaktion des Konzerns auf unerwartete Entwicklungen – Krisen ebenso wie neue Geschäftsmöglichkeiten. So führte die bei Ford geförderte Fokussierung auf E-Commerce zur frühzeitigen Gründung von Covisint, einem mit GM und anderen Autoherstellern gemeinsam betriebenen Online-Marktplatz.

Die Ausrichtung auf die Kundenzufriedenheit ermöglichte dem Ford-CEO ein entschiedenes Vorgehen, als der Firestone-Reifen zurückgerufen werden musste. Die Zufriedenheit der Kunden galt als maßgebliches Entscheidungskriterium in der Frage des Vorgehens. So wurde beschlossen, die Produktion neuer Fahrzeuge in mehreren Werken vorübergehend einzustellen, damit die Kunden schneller an ihre Ersatzreifen kamen. Auch für Kommunikationen innerhalb wie außerhalb des Unternehmens war die Kundenzufriedenheit während der Krise oberstes Gebot.

Mitte des Jahres 2000 setzte sich Kmart, seines Zeichens „Großvater der Diskontmärkte", der seinen Status als Nummer eins in den 90er-Jahren an Wal-Mart abtreten musste, das Ziel, Umschlaggeschwindigkeit und Gewinnmargen zu verbessern und der Kundschaft zu positiven Einkaufserfahrungen zu verhelfen. Im September 2000 legte die Geschäftsführung unter Leitung des neuen CEO Chuck Conaway mehrere Geschäftsprioritäten fest, wozu auch die Verbesserung der Logistik des Unternehmens zählte: Ziel war es, die richtige Ware zum richtigen Preis einzukaufen, sie so schnell wie möglich auf die Regale zu bringen und den Kunden durch Schaffung einer angenehmen Einkaufsatmosphäre Anreize zu bieten. Zwar bleibt für die Investoren noch abzuwarten, inwieweit das Unternehmen tatsächlich seine geschäftlichen Prioritäten realisieren kann, aber die Ausrichtung ist klar und eindeutig auf die fundamentalen Geschäftsprinzipien bezogen.

Zur Vereinfachung von Komplexität

Nutzen Sie Ihren Business-Verstand – betreiben Sie ein wenig Denksport, indem Sie über die Herausforderungen nachdenken, mit denen Ihr Unternehmen konfrontiert ist. Dabei gilt es interne wie externe Zusammenhänge zu berücksichtigen, die allesamt veränderlich sind. Für jede Variable, von den Zinssätzen bis hin zu Markttrends und staatlichen Eingriffen, sind nicht nur der gegenwärtige Zustand, sondern auch Projektionen über die Zukunft zu bedenken. Betrachten Sie das Gesamtbild und überlegen Sie, wie sich die Parameter zusammenfügen könnten. Denken Sie dann an die geschäftlichen Grundprinzipien. Wie können die Grundprinzipien des Geschäftserfolgs zusammenwirken – vor dem Hintergrund wahrgenommener Muster und

Trends? Wie sehen die Beziehungen zwischen ihnen aus? Wie kann die Verwirklichung von Geschäftsprioritäten aus Ihrem Unternehmen eine „Geldmaschine" machen?

Bei Dell Computer gilt eine niedrige Lagerhaltung als Priorität, und das aus verschiedenen finanzwirtschaftlichen Gründen. Eine niedrige Lagerhaltung bedeutet, dass Dell nicht gezwungen ist, sein Bargeld für den Einkauf von Komponenten auszugeben und Produkte zu fertigen, die dann wochen- oder monatelang auf den Regalen lagern. Hinzu kommt, dass gerade im PC-Geschäft die Überalterung von Produkten ein sehr großes Risiko darstellt, zumal die Preise für Zubehörteile unaufhaltsam sinken. Bei einem sehr schnell umschlagenden Inventar laufen Sie weniger Gefahr, dass Kunden Ihre Produkte ablehnen mit der Begründung, sie seien nicht auf dem neuesten Stand der Technik. Und wenn die Komponentenpreise Woche für Woche zurückgehen, können auch Sie von dieser rückläufigen Entwicklung profitieren. Sie können die Verbraucherpreise nachlassen, dadurch Ihr Produkt attraktiver machen und gleichzeitig Ihre ohnehin recht schmale Gewinnspanne halten. Michael Dell beweist gesunden Business-Verstand: Er durchschaut die logischen Zusammenhänge und erkennt die Bedeutung guter Lagerhaltung.

Betrachten wir nun in einem weiteren Beispiel, wie Jack Welch dank seines Business-Verstands die richtigen Geschäftsentscheidungen traf. Kurz nachdem Ronald Reagan im Januar 1989 von seinem Präsidentenamt zurücktrat, sah sich Welch aufgrund externer Umstände zu einer Neubewertung des Luft- und Raumfahrtbe-

In einer komplexen Welt sorgen Führungspersönlichkeiten für Durchblick

reichs von GE veranlasst. Der Kalte Krieg war zu Ende, die alte Sowjetunion brach auseinander und die Berliner Mauer war gefallen – es war klar, dass der US-amerikanische Verteidigungshaushalt schrumpfen und die Rüstungsindustrie einbrechen würde.

GE hätte im Zuge der mit Sicherheit folgenden Fusions- und Akquisitionsaktivitäten ein größerer Spieler auf dem Rüstungsmarkt werden können. Doch Welch konzentrierte sich auf die Kernelemente des Geschäftserfolgs; seiner Überzeugung nach konnten Wachstum, Rentabilität und Cash-Erzeugung den Kriterien der Investoren nicht genügen. Besser erschien ihm die Strategie, besagten Geschäftsbereich an das Unternehmen zu verkaufen, das er für den künftig dominierenden Marktteilnehmer hielt: Martin Marietta. Tatsächlich veräußerte er den Luft- und Raumfahrtbereich des Konzerns an Martin Marietta und erhielt im Gegenzug Cash und Aktien. Infolge weiterer Fusionen entstand schließlich aus Martin Marietta der größte Rüstungslieferant der Welt: Lockheed Martin. Nach einer erheblichen Kurssteigerung stieß GE seine Lockheed-Martin-Aktien ab. Damit erzielte Welch einen enormen Wertschöpfungsbeitrag für die GE-Aktionäre; er hatte die Veränderungen im Weltgeschehen erkannt und sich bei seinen Entscheidungen von unternehmerischen Grundprinzipien leiten lassen.

Auch wenn Sie nicht CEO eines Unternehmens sind – gesunder Business-Verstand hilft Ihnen, Komplexes zu vereinfachen und damit die richtigen Entscheidungen im Geschäftsalltag zu treffen. Nehmen wir einmal an, Sie sind Marketingleiter in einem Konsumgüterunternehmen. Sie betreuen vier Produktprogramme –

Waschmittel, Geschirrspülmittel, Zahnpasta und Haushaltsreiniger. Ist Ihnen eigentlich bewusst, welche Produktprogramme Geld einbringen? Welches Produktprogramm den größten Gewinnbeitrag leistet? Welches den geringsten? Wissen Sie, welche Produktprogramme Geld verzehren? Welche Geld erwirtschaften? Ist ein Produktprogramm dabei, das sich nicht so geradlinig entwickelt wie die anderen? All dies sollten Sie wissen – gerade so, wie der Straßenverkäufer zwischen seinen Äpfeln und Apfelsinen unterscheidet.

Vielleicht sind Sie auch Ingenieur und entwickeln gerade ein neues Produkt. Wie fügt es sich in das Gesamtbild der Gewinnerzielung in Ihrem Unternehmen ein? Wird das Produktdesign den Kunden gefallen *und* eine gute Marge erzielen? Weist es die Merkmale auf, die viele Kunden wertschätzen? Werden die Kunden dieses Produkt lieber kaufen wollen als ein Konkurrenzprodukt? Erfordert dieses Produkt die Anschaffung neuer Produktionsausrüstungen, sodass Cash verzehrt und die Umschlaggeschwindigkeit gedrosselt wird? Oder handelt es sich lediglich um die Weiterentwicklung vorhandener Produkte, sodass Ausrüstungen und Werkzeuge genutzt werden können, die das Unternehmen bereits besitzt?

Wenn Ihr neues Produkt existierende Kapazitäten nutzen kann, wird Bargeld geschont. Wenn Sie mehr Umsatz mit denselben Vermögenswerten erreichen, erhöht sich die Umschlaggeschwindigkeit. So gesehen können Sie mit Ihren Überlegungen – mit Ihrem Business-Verstand – auch als Ingenieur einen Wertschöpfungsbeitrag leisten. Ford ist eines der Unternehmen,

In einer komplexen Welt sorgen Führungspersönlichkeiten für Durchblick

die ihren Ingenieuren solche unternehmerischen Denkmodelle nahe bringen.

Vielleicht sind Sie aber auch im Verkauf tätig. Sie erzielen ein großes Geschäftsvolumen mit Ihren Verkäufen an Großkunden. Aber das sind harte Verhandlungspartner. Sie wollen hohe Rabatte und langfristige Zahlungskonditionen vereinbaren (90 Tage anstelle der üblichen 45). Nutzen Sie Ihren Geschäftsverstand – finden Sie heraus, wie Sie dem Kunden einen Mehrwert bieten können, ohne über die üblichen Kredit- und Rabattvereinbarungen hinausgehen zu müssen. Wenn Sie beispielsweise an ein Unternehmen wie Wal-Mart verkaufen, können Sie unter Umständen eine Möglichkeit finden, wie Sie Ihre Produkte schneller auf deren Regale bringen. Auf diese Weise profitiert Wal-Mart ohne zusätzliche Preisnachlässe. Der Straßenverkäufer würde das für gesunden Geschäftsverstand halten.

Je mehr Verantwortung Sie in Ihrem Job übernehmen, desto komplexer und diffiziler dürften die von Ihnen zu lösenden Probleme werden. Vertrauen Sie stets auf Ihren gesunden Business-Verstand; dann haben Sie auch den Mut, es mit komplexen Sachverhalten aufzunehmen. Viele Geschäftsführer geraten ins Hintertreffen, weil sie dem Druck der Probleme nicht gewachsen oder entscheidungsunfähig geworden sind. Andere setzen keine eindeutigen Prioritäten oder verlieren ihr Ziel aus dem Auge – besonders dann, wenn ihre Urteile infrage gestellt werden. Wenn der Unternehmensführer keine Prioritäten setzen kann, ständig seine Ansichten ändert oder selbige anderen nicht überzeugend mitzuteilen vermag, geht der gesamten Organisation Energie verloren.

Wenn der Unternehmensführer hingegen geschäftliche Prioritäten setzt und diese eindeutig und hinreichend häufig kommuniziert, gewinnen die Mitarbeiter eine bessere Vorstellung von dem, was zu tun ist. Und wählt er dann noch die „richtigen" Unternehmensprioritäten, blüht das Geschäft.

In einigen Fällen haben CEOs eine Weile Erfolg, weil sie Fusionen und Akquisitionen zustande bringen und die Wertpapieranalysten an der Wall Street mit ihren Geschichten zu überzeugen verstehen. Man kennt sie wegen ihrer geschickten Ausgestaltung von Finanzierungstransaktionen – sie gelten als Geschäftemacher. Doch ohne gesunden Business-Verstand können sie sich nicht lange halten. Ist erst einmal der Deal abgeschlossen, braucht das Unternehmen etwas, was solche Leute dann nämlich nicht zu bieten haben: gezielte Ausrichtung auf die Kernelemente des Geschäftserfolgs. Mehr als einmal habe ich Direktoren sagen hören: „Sicher, er versteht was von Wall Street, aber kann er wirklich den Betrieb leiten?" Oder: „Ist das ein Geschäftsmann oder nur ein Geschäftemacher?"

Der CEO eines US-stämmigen multinationalen Unternehmens ist ein typisches Beispiel. Wall Street lobte den Mann in den Himmel, weil er den Erwerb eines US-Dollarpäischen Konkurrenten zuwege gebracht hatte. Die beiden Unternehmen ergänzten sich in ihren jeweiligen Stärken und hatten offensichtlich das Potenzial, sich zu einem echten Kraftwerk in der globalen Branche zu entwickeln. Die Investoren waren höchst angetan – aber nicht lange. Schon kurz nach der Fusionierung der beiden Unternehmen kamen die Investoren dahinter, dass Geschäftemachen das eine, Geschäftsverstand hingegen etwas ganz anderes ist. Der CEO setzte keine eindeutigen Geschäftsprioritäten für das neue Unternehmen, sodass redundante Aktivitäten und Funktionen nicht schnell genug beseitigt wurden und den zuvor eigenständigen Unternehmen eine Koordinierung ihrer Marketingmaßnahmen misslang. Die Fusion war eine gute Sache, aber die erhofften Vorteile – verbesserte Profitabilität und Wachstumssteigerung – wurden nicht erzielt. Das Direktorium war gezwungen, sich von diesem CEO zu trennen. Ein solches Szenario ist beileibe kein Einzelfall.

— 5 —

Wertschöpfung bedeutet mehr als Geld verdienen

Business aus Investorensicht

Die wichtigste Aufgabe für den CEO eines öffentlich gehandelten Unternehmens geht über das reine Geldverdienen hinaus. Aktionäre (wie auch Mitarbeiter, die im Rahmen ihrer Vergütung Aktienoptionen erhalten) erwarten von einem CEO, dass er ihr Vermögen mehrt. Die besten Unternehmensführer haben erkannt, dass Geld verdienen und Wertschöpfung über die Kennzahl des Kurs-Gewinn-Verhältnisses (KGV), auch als PER (Price-Earnings Ratio) bezeichnet, miteinander verbunden sind. Das K in KGV steht für den Preis einer bestimmten Aktie, während das G den Ertrag oder Gewinn pro Aktie bedeutet – den Gewinn, den das Unternehmen für jede seiner Aktien erwirtschaftet hat.

Sicher, das KGV ist eine mathematische Größe (K dividiert durch G), aber Sie sollten sich nicht lange mit der Berechnung aufhalten. Die für Ihr Unternehmen zutreffende Kennzahl können Sie auf Heller und Pfennig bei den Mitarbeitern in Ihrer Finanzabteilung erfragen oder den Kursauflistungen in der *Financial Times Deutschland* entnehmen.

Ein KGV von beispielsweise 7 bedeutet, dass sich der Wert des Aktienkapitals mit jedem US-Dollar Gewinn pro Aktie um das Siebenfache erhöht. Ganz offensichtlich wird eine umso höhere Wertschöpfung erzielt, je höher der KGV-Wert ist.

Im Prinzip bringt das KGV Erwartungen hinsichtlich der derzeitigen und zukünftigen Fähigkeiten eines Unternehmens zur Erwirtschaftung von Geld zum Ausdruck. Die Kennzahl verdeutlicht die Qualität seines Geschäftsmodells – der Kombination aus erwarteter Cash-Erzeugung, Gewinnmarge, Umschlaggeschwindigkeit, Rendite und Wachstum – gegenüber der Konkurrenz und in Zukunft. Doch das KGV ist kein spekulativer Wert. In den meisten Fällen basiert die Kennzahl auf der bisherigen Erfolgsgeschichte des Unternehmens und auf dem Vertrauen der Investoren in die Fähigkeiten des Managements, sein Geschäftsmodell auf Dauer betreiben zu können.

Die KGV-Werte variieren in den verschiedenen Branchen und Unternehmen und können sich auch bei ein und demselben Unternehmen mit der Zeit verändern. Ein KGV geht bekanntlich zurück, wenn das Unternehmen seine Ziele in Bezug auf die Erwirtschaftung von Einnahmen verfehlt. Jede Zielabweichung stellt die Voraussagbarkeit von Cash-Erzeugung, Gewinnmarge, Umschlaggeschwindigkeit, Rendite und Wachstum infrage. (Investoren hassen Inkonsistenz und Volatilität.) Umgekehrt lässt sich ein KGV erhöhen, wenn das Unternehmen seinen Wertschöpfungspflichten konsistent und über längere Zeiträume voraussagbar nachkommt.

Wertschöpfung bedeutet mehr als Geld verdienen

(Investoren lieben Konsistenz und Voraussagbarkeit auf Quartalsbasis.)

Wir wollen an einem Beispiel verdeutlichen, welche Faktoren für das KGV ausschlaggebend sind. Dazu betrachten wir Coca-Cola im Vergleich zu Pepsi. Die Kennzahl ist bei Coca-Cola seit 15 Jahren konsistent höher als bei seinem Erzrivalen Pepsi. Die Geschäftsführer beider Unternehmen leisten harte Arbeit. Sie sind ehrgeizig und aggressiv. Dennoch: In den vergangenen 15 Jahren ist das KGV bei Coca-Cola im Durchschnitt um 4 Punkte höher gewesen als bei Pepsi. Die Aktionäre haben das Aktienkapital von Coca-Cola höher bewertet als das von Pepsi. Und warum? Weil die Aktionäre von der Annahme ausgegangen sind, dass die Kombination von Cash-Erzeugung, Gewinnmargen, Umschlaggeschwindigkeit, Rendite und Ertragswachstum bei Coke dem von Pepsi verfolgten Modell überlegen ist. Vor einiger Zeit hat Coke einige Rückschläge und auch einen Wechsel in der Geschäftsführung verkraften müssen, während Pepsi bemüht war, neue Wachstumsbereiche zu erkunden. Es bleibt abzuwarten, ob die Investoren nach nunmehr zehn Jahren weiterhin von Coke bessere Leistungen erwarten als von Pepsi.

Auch wenn Ihr Unternehmen im Privatbesitz ist, gelten dieselben Prinzipien. Die Offenlegungspflicht für öffentliche Unternehmen bewirkt gute Disziplin, aber auch Privatunternehmen können sich unternehmerische Disziplin aneignen. Ein Unternehmen, das tagein, tagaus die richtigen Entscheidungen und Maßnahmen trifft, schafft Mehrwert. Wir sollten auch stets bedenken, dass Privatunternehmen häufig verkauft werden oder an die Börse gehen, und dann wird ihr Unternehmenswert nach genau den Prinzipien bemessen, die dem KGV zugrunde liegen.

Zur Vorgeschichte des KGV

Die Marktkräfte bestimmen das KGV eines Unternehmens nach Maßgabe der Einschätzung einzelner Investoren und Wertpapieranalysten. Es ist ja gerade die Aufgabe der Wertpapieranalysten, eine ihrer Meinung nach angemessene Kennzahl für die Unternehmen zu ermitteln, die sie im Visier haben. Wenn ihre Einschätzung darauf hinausläuft, dass ein Unternehmen ein höheres KGV verdient, als der Markt zu erkennen gibt, sind ihre Firmen geneigt, das Aktienkapital des fraglichen Unternehmens zu erwerben. Auch das Umgekehrte trifft zu: Gibt der Markt ein höheres KGV zu erkennen, als das Unternehmen nach Meinung der Wertpapieranalysten verdient, stoßen die Firmen das fragliche Aktienkapital zumeist ab.

Nun ist es durchaus nichts Ungewöhnliches, wenn zwei Wertpapieranalysten widersprüchliche Empfehlungen abgeben, denn ihre Empfehlungen beruhen zu einem gewissen Grad auf subjektiven Urteilen. Dennoch: Wertpapieranalysten halten sich an bestimmte Richtlinien und nehmen bestimmte Vergleiche vor. Normalerweise vergleichen sie nicht nur das zu untersuchende Unternehmen mit anderen Unternehmen derselben Branche, sondern auch die Branche mit dem Gesamtmarkt. Die einschlägigen Kennzahlen und Kurse entstehen also dadurch, dass Wertpapieranalysten und Investoren in aller Welt ihre Einschätzungen und Empfehlungen zum Aktienkapital eines Unternehmens abgeben.

Üblicherweise wird das KGV eines einzelnen Unternehmens dem durchschnittlichen KGV von Standard & Poor's 500 gegenübergestellt – einem Index mit 500 Unternehmen, die einen weit gestreuten Aktienbesitz aufweisen und die breite Wirtschaftslage der Nation repräsentieren. Vergleiche mit den Durchschnittswerten mehrerer Unternehmen sind recht aussagekräftig. So lag das durchschnittliche KGV der im S&P 500 erfassten Unternehmen im Sommer 2000 bei 23, während das KGV der amerikanischen Automobilindustrie durchschnittlich um 8 schwankte. Und das bedeutet: Die Investoren bewerteten die zukünftige Leistung der Automobilindustrie nicht so hoch wie die Performance vieler anderer Unternehmen und die Gesamtentwicklung der S&P-500-Unternehmen. Vielmehr schätzten die Investoren den Wert von zwei der weltweit größten Unternehmen – Ford und GM – im Vergleich zum S&P-500-Index um 65 Prozent niedriger ein (8 entspricht rund 35 Prozent von 23.) Kurzum: Die Kurse der Ford- und GM-Aktien erfuhren im Vergleich zum S&P-500-Durchschnitt einen Abschlag von 65 Prozent.

Der Hauptgrund für einen derart einschneidenden Kursabschlag ist darin zu sehen, dass die Automobilindustrie in der Vergangenheit immer dann, wenn die Wirtschaft in eine Rezession geriet, eine ausgesprochen enttäuschende Performance zeigte. Die meisten Wertpapieranalysten betrachten die amerikanische Automobilindustrie nach wie vor als eine zyklische Branche, die schnell mit äußerst schlechten Ergebnissen reagiert, wenn Geld knapp wird oder die Zinssätze scharf anziehen. Zyklischen Branchen fehlen die Konsistenz und Voraussagbarkeit, die von Investoren so geschätzt wird, und deshalb weisen sie im Allgemeinen niedrigere KGV-Werte auf als nichtzyklische Branchen.

Doch KGV-Kennzahlen können auch innerhalb einer Branche sehr unterschiedlich sein. Im Einzelhandel war es im August 2000 beispielsweise so, dass Wal-Mart ein KGV von 35 hatte, während Sears mit einem einstelligen KGV aufwartete.

Vielleicht fragen Sie sich nun, welcher Stellenwert den Dotcom-Unternehmen in diesem Zusammenhang zukommt. Internetfirmen sind ein erst kürzlich entstandenes Phänomen, mit dem umzugehen die Investoren erst noch lernen müssen. Für die Bewertung dieser Unternehmen, die vielfach überhaupt keine Gewinne erwirtschaften, gibt es keine allgemein üblichen oder anerkannten Richtlinien. Die Investoren und Wertpapieranalysten sind von den alten Richtlinien mehr oder weniger abgegangen. Zunächst wurden Dotcom-Aktien zu einem Vielfachen ihrer Einnahmen und nicht ihrer Gewinne gehandelt, denn nur wenige dieser Unternehmen haben bisher überhaupt Geld erwirtschaftet. Genau genommen ist der Terminus *KGV* hier fehl am Platz.

Die Kennzahlen bei Dotcom-Betrieben basieren auf Mutmaßungen darüber, wie schnell die Unternehmen etwa in den nächsten zehn Jahren wachsen können. Dabei geht man von folgender Annahme aus: Wenn es einem Unternehmen gelingt, vor allen anderen im Internet präsent zu sein, wird es letztlich (keiner weiß genau wann) wohl seinen Markt beherrschen und die Profitabilität seiner Branche bestimmen.

Für viele ist und bleibt das ein Traum. Schon Ende 1999 erlebten wir, wie solche extrem hohen Dotcom-Bewertungen in dem Augenblick einbrachen, als die Leute an der Prämisse zu zweifen begannen, Hochgeschwindigkeitswachstum habe letztlich enorme Profitabilität zur Folge. Diese Dotcom-Unternehmen sind vielmehr enorme Cash-Verzehrer. Im Silicon Valley spricht man von „Burn-Rate" – einer Kennzahl, die Auskunft über das „verbrannte" oder „verzehrte" Geld gibt. Da Neugründungen noch Ausrüstungen anschaffen, Gehälter zahlen und Marketingkosten aufbringen müssen, um überhaupt ein erstes Interesse an ihrem Produkt zu wecken, geben sie meist mehr Bargeld pro Monat aus, als sie durch ihre Umsätze hereinholen. Doch Cash ist für alle Betriebe und Unternehmen das Lebenselixier. Ohne die Zufuhr von „Frischblut" müssen die Dotcom-Unternehmen verkauft werden oder sich gänzlich aus dem Geschäft zurückziehen.

Die Welt der Internetfirmen befindet sich in ständiger Entwicklung. Beobachten Sie das Spiel und verfolgen Sie die KGV-Werte. Aber halten Sie die Hand auf Ihr hart verdientes Geld!

Umgang mit dem KGV

Ein höheres KGV führt zu höherem Mehrwert für die Aktionäre. Ein CEO mit gesundem Business-Verstand durchschaut die Zusammenhänge. Und deshalb ist es einmal wichtiger, welches Geschäftsmodell ein Unternehmen verfolgt. Wenn das Modell stimmt, erwirtschaftet das Unternehmen Erträge. Wenn das Modell stimmt und sich das Unternehmen konsistent daran hält, erhöht sich der KGV-Wert. Die Wertschöpfung ist umso überwältigender, als Erträge *und* KGV steigen.

Die Art, wie Sie Ihr Unternehmen führen, hat natürlich einen Einfluss auf Ihr KGV. Ziehen wir noch einmal Coke und Pepsi als Beispiele heran. Rund zehn Jahre in Folge wuchsen die Umsätze bei Pepsi um 14 Prozent jährlich, während das Umsatzwachstum bei Coke nur 10 Prozent im Jahr betrug. Doch Coke erzielte mit seinen Umsätzen einen höheren Gewinn und eine konsistent höhere Rendite. Sicher – Pepsi erfuhr ein Wachstum im Hinblick auf den Gesamtumsatz, aber Coke war eindeutig überlegen, wenn es darum ging, die verschiedenen Ziele bei der Erwirtschaftung von Erträgen zu realisieren. Das Coke-Wachstum war einfach profitabler als das Pepsi-Wachstum. Den Investoren entging dies nicht. Zwar stieg das KGV bei Pepsi in den Jahren zwischen 1990 und 1999 um ansehnliche 12 Punkte (von 17 auf 29), aber Coke verzeichnete einen noch höheren Anstieg um 27 Punkte (von 20 auf 47).

Ein Publikumsunternehmen, das konsistent und mit gleich bleibender Umschlaggeschwindigkeit ein Wachstum sowohl über dem Strich (Umsatzerlöse) als auch unter dem Strich (Gewinne beziehungsweise Erträge) erfährt, erzielt im Lauf der Zeit ein immer höheres KGV. Wird die Umschlaggeschwindigkeit erhöht, fällt das Ergebnis noch besser aus. Die Aktie steigt im Wert und das Aktionärsvermögen wächst.

Was aber geschieht, wenn das Unternehmen die Gewinnerwartungen pro Aktie nicht erfüllt – selbst wenn es sich zunächst um minimale Beträge handelt? Die Strafe kann empfindlich sein. Im Jahr 2000 brachen die

Wertschöpfung bedeutet mehr als Geld verdienen

Aktienkurse bei verschiedenen Unternehmen binnen eines Tages um sage und schreibe 25 bis 40 Prozent oder mehr ein. Selbiges widerfuhr Honeywell, Nordstrom und Computer Associates. Als beispielsweise Honeywell im Juli 2000 die Investoren warnte, die Gewinne pro Aktie könnten im laufenden Quartal gegenüber den erwarteten 78 Cent um 1 bis 5 Cent niedriger liegen, fiel der Kurs der Aktie um 18 Prozent an einem Tag und um 10 Prozent am nächsten. GE kaufte das Unternehmen auf – gewissermaßen zum „Schnäppchenpreis".

Wenn ein Unternehmen den Gewinnerwartungen nicht gerecht wird, beginnen die Investoren an der Unternehmensdisziplin zu zweifeln. So stellt sich die Frage, ob das Unternehmen künftig seinen Verpflichtungen überhaupt noch nachkommen kann. Und nicht nur der Aktienkurs fällt. Auch das KGV sinkt. Wird ein Aktienertragsziel auch nur geringfügig verfehlt oder erfolgt eine Warnung, das Wachstum könne hinter den Erwartungen zurückbleiben, so ist dies der Wertschöpfung höchst abträglich. In der ersten Hälfte des Jahres 2000 verringerte sich das KGV von Honeywell beträchtlich.

Solche abrupten Veränderungen in der Unternehmensbewertung haben dramatische Auswirkungen. Malen Sie sich einmal aus, was in solchen Situationen hinter den Kulissen passiert. Großaktionäre – die Fondsmanager von Firmen wie Fidelity, Vanguard und CalPERS mit ihren Billiarden-US-Dollar-Investitionen – telefonieren unaufhörlich mit dem CEO, mit dem Finanzchef (Chief Financial Officer, CFO), mit der für die Aktionärspflege zuständigen Führungskraft im Unternehmen und mit den Verwaltungsratsmitgliedern. Die Investoren sind nicht unbedingt an den Details des unternehmerischen Geschäftsablaufs interessiert. Sie sind daran interessiert, dass der Betrieb gutes Geld verdient. Und sie geraten in Panik, wenn eines ihrer Investitionsobjekte mehr als zweimal im Jahr hinter den Gewinnerwartungen zurückbleibt.

Alsdann hat der CEO seine liebe Not, die Investoren zu beruhigen – alles sei in bester Ordnung. Anstatt seine Kraft in die Unternehmensführung zu stecken, muss er viel Energie zur Nervenberuhigung aufbringen. Als der Kurs der Honeywell-Aktie zu sinken begann, wurde CEO Michael Bonsignore im *Wall Street Journal* Juni 2000 sinngemäß mit den folgenden Worten zitiert: „Es geht ausschließlich darum, das Vertrauen zu uns wiederherzustellen."

Aber damit hat nicht nur der CEO ein Problem. Wenn das KGV daniederliegt, ist das ganze Unternehmen anfällig. Zum einen sind die Möglichkeiten zur Akquisition anderer Unternehmen stark eingeschränkt. Doch nicht nur, dass es selbst kein Wachstum mehr erfährt – das Unternehmen entwickelt sich zunehmend zum Akquisitionsziel für andere Unternehmen, die ihrerseits wachsen wollen.

Wie in jeder anderen Branche wird auch im Investment-Banking ein Produktprogramm verfolgt. Bei den Investment-Bankern geht es um Fusionen und Akquisitionen. So mag das eine oder andere Unternehmen auf dem Radarschirm eines Investment-Bankers als Objekt mit unterdurchschnittlicher Performance auftauchen. Ein anderes Unternehmen wiederum ist überzeugt, dass gerade dieses Objekt ein gutes Schnäppchen wäre. Es kann sich nunmehr den Erwerb des gesamten Betriebs leisten und setzt sich zur Aufgabe, dessen Performance zu verbessern.

Dazu ein Beispiel. Mitte der 90er-Jahre schien AMP, Inc., der weltweit größte und angesehenste Drahtbrücken-Hersteller, unaufhaltsam auf Erfolgskurs zu sein. Das Unternehmen beherrschte seine Branche und verkaufte Produkte, die in verschiedenen Wachstumsindustrien, unter anderem in der Telekommunikations- und Computerbranche, gebraucht wurden. Doch AMP verlor die Grundprinzipien des Geschäftserfolgs aus dem Auge und vernachlässigte seine Gewinnmargen, sein Wachstum und seine Umschlaggeschwindigkeit im Vergleich zur Konkurrenz. Die Folge war, dass der KGV-Wert von AMP sank, bis das Unternehmen im Jahr 1998 zum Übernahmeziel geriet: Zunächst von AlliedSignal umworben, wurde AMP schließlich von Tyco übernommen. Tyco zahlte mehr als das Doppelte des AMP-Aktienkapitalwerts und machte sich daran, eine Lösung für die fundamentalen Probleme des Unternehmens zu finden. Tyco brauchte nur ein Jahr, um Kostensenkungen in Höhe von 1 Milliarde US-Dollar zu erzielen, Gewinnspannen und Umschlaggeschwindigkeit zu verbessern und das akquirierte Unternehmen wieder auf Wachstumskurs zu bringen. Sowohl das KGV als auch der Aktienkurs von Tyco gingen infolge dieser Akquisition in die Höhe.

Wir alle wissen, was passiert, wenn Fusionen und Akquisitionen stattfinden. Die finanzielle Logik ist durchaus überzeugend. Meistenteils basiert ein solcher Unternehmenszusammenschluss auf *Synergien*: Das fusionierte Unternehmen kann doppelt vorhandene infrastrukturelle Einrichtungen wie Vertriebsapparat,

Außendienstkräfte und Buchhaltungsabteilungen zusammenlegen oder auch auflösen. Die praktische Nutzung von Synergievorteilen bedeutet in aller Regel Kosteneinsparungen, und Kosteneinsparungen treffen jeden Beschäftigten ganz persönlich – zumindest eine Zeit lang. Die Mitarbeiter zahlen einen sehr hohen Preis. „Konsolidierer" sein macht Spaß; als „Konsolidierter" hat man das Nachsehen!

Ermitteln Sie das KGV Ihres Unternehmens und prüfen Sie nach, wie sich diese Kennzahl im Vergleich zur Konkurrenz und zum S&P-500-Index darstellt. Und dann denken Sie eine Minute nach: Haben Sie und Ihr Unternehmen auf konsistentes, voraussagbares, profitables Wachstum gesetzt? Nachhaltige Quellen zur Cash-Erzeugung? Verbesserte Gewinnspannen und/oder höhere Umschlaggeschwindigkeit? Entsprechend verbesserte Renditen, Quartal für Quartal? Und haben Sie all diese Kernelemente besser kombiniert als Ihre Konkurrenten – auch im Vergleich zum S&P-500-Index? Wenn ja, brauchen Sie nicht in die Defensive zu gehen. Vielmehr sollten Sie offensiv vorgehen und Ausschau nach Akquisitionsobjekten in einer konsolidierenden Branche halten. Sie haben gute Aussichten, Ihre leistungsstärksten Mitarbeiter zu halten und andere gute Leute für sich zu gewinnen. Ist es nicht ein beruhigendes Gefühl, zu einem solch blühenden Betrieb zu gehören?

Oder stellen Sie etwa fest, dass Ihr Unternehmen chronisch unterdurchschnittliche Leistungen erbringt und bezüglich der Kernelemente des Geldverdienens inkonsistent verfährt? Weist infolgedessen Ihr KGV im Vergleich zur Konkurrenz und zum S&P-500-Index eine rückläufige Entwicklung auf? Geraten Ihre Chefs und Kollegen in Panik oder wollen Sie die Realität nicht wahrhaben?

Es kann auch sein, dass Ihre Kennzahl im Vergleich zur Konkurrenz ziemlich hoch, im Vergleich zu Unternehmen anderer Branchen hingegen ziemlich niedrig ist. Das sollten Sie als Hinweis darauf verstehen, dass man Ihrer Branche wenig Wachstumspotenzial einräumt. Betrachten Sie diese „Null-Wachstum"-Hypothese als Herausforderung! Hat nicht auch Wal-Mart beträchtliche Marktwerte auf so genannten Niedrigwachstumsmärkten erzielt? Konfrontieren Sie Ihre Geschäftsführung mit einer Vielzahl an Fragen – und halten Sie sich bereit, aktiv an der Suche nach Antworten mitzuwirken.

Die GE-Erfolgsgeschichte

Wir wollen noch einmal den Zusammenhang zwischen Geldverdienen und Wertschöpfung verdeutlichen. Die besten CEOs nutzen ihren Business-Verstand, um die Komplexitäten ihres Geschäfts, ihrer Branche und des breiten Wirtschaftsumfelds nach Möglichkeit zu reduzieren. Sie sind kontinuierlich bemüht, die Prinzipien des Geldverdienens zu verbessern, und wenn sie konsistent und unerschütterlich an ihren Bemühungen festhalten, kann es im Lauf der Zeit gar nicht anders sein: Sie schreiben eine Erfolgsgeschichte. Die Investorengemeinde tendiert dazu, solche CEOs und Unternehmen mit einem höheren KGV zu belohnen, was wiederum eine enorme Wertschöpfung für die Aktionäre bedeutet.

Damit verbunden sind auch die Sicherheit von Arbeitsplätzen, Entfaltungsmöglichkeiten für die Mitarbeiter und Vermögensbildung für die Empfänger von Aktienoptionen.

GE ist vielleicht das weltweit beste Beispiel für ein Unternehmen, das mit seinem erfolgreichen Vorgehen in Sachen Geldverdienen sein KGV in die Höhe getrieben und Mehrwert für die Aktionäre geschaffen hat. Erinnern Sie sich noch, dass sich Westinghouse und GE im Jahr 1981, als Jack Welch sein Amt als CEO von GE antrat, noch ein Kopf-an-Kopf-Rennen lieferten? Westinghouse ist mittlerweile von der Bildfläche verschwunden, während GE heute zu den höchstbewerteten Unternehmen der Welt zählt. Wenn man alle GE-Aktien nähme und sie mit dem Mitte des Jahres 2000 notierten Aktienkurs multiplizierte, ergäbe sich, dass der GE-Konzern zu diesem Zeitpunkt an die 500 Milliarden US-Dollar wert war. (Man vergleiche die Summe mit dem GE-Marktwert von gerade mal 12 Milliarden US-Dollar im Jahr 1981, als Jack Welch CEO wurde.) 1955 schwankte das KGV bei GE zwischen einem Tiefstand von 13 und einem Hoch von 19. Im November 2000 lag es schließlich bei 43 und damit deutlich höher als bei den meisten anderen Unternehmen vergleichbarer Größe.

Als riesiger, komplexer Konzern wird GE mit allen typischen Phänomenen der Weltwirtschaft konfrontiert – Wechselkursschwankungen, Zinstrends und so weiter. Und doch ist das Unternehmen den unternehmerischen Kernelementen des Geschäftserfolgs unerschütterlich und in aller Konsequenz treu geblieben.

Wertschöpfung bedeutet mehr als Geld verdienen

Schauen wir uns die GE-Erfolgsgeschichte einmal genauer an. GE hat solides Wachstum unter Beweis gestellt: ein Umsatzwachstum von mindestens 6 Prozent im Jahr (1999 waren es 11 Prozent), 17 Jahre lang alljährliche Verbesserung der Betriebsgewinnspanne, 17 Jahre lang stetige Steigerung des Quartalsgewinns je Aktie von 12 auf 15 Prozent. Die Umschlaggeschwindigkeit bei GE erhöhte sich von 5,8 im Jahr 1995 auf 10 in 1999. Bei all dem erwirtschaftet GE Cash – und kauft damit Jahr für Jahr die eigenen Aktien zurück.

GE wartet stets mit positiven Ergebnissen auf und verfolgt realistische Programme, damit dies auch in Zukunft so bleibt. Wenn Investoren über viele Jahre hinweg eine derart konsistente Entwicklung beobachten, wächst ihr Vertrauen, dass dieser Trend anhält. Die Investoren sind zuversichtlich, dass GE eine Möglichkeit gefunden hat, konsistent mehr Geld zu erwirtschaften – Quartal für Quartal, Jahr für Jahr. GE ist eine „Geldmaschine".

Alle GE-Mitarbeiter wissen: Wenn sie keinen positiven Cash-Beitrag zu liefern imstande sind, hat GE keinen Arbeitsplatz für sie. Wer bei GE bleiben und aufsteigen will, muss schlicht gesunden Business-Verstand beweisen – er muss sich gründlich mit Cash-Erzeugung, Renditen und Wachstum auskennen und zugleich die Bedürfnisse der GE-Kunden erkennen und erfüllen. Der Konzern seinerseits ist vorbildlich bemüht, den GE-Mitarbeitern einen Anteil an dem Vermögen zu sichern, zu dessen Schaffung sie beitragen. Auf diese Weise sind GE-Mitarbeiter auf vielen Ebenen (darunter auch Sekretärinnen), die im Lauf eines normalen Berufslebens über 25 Jahre hinweg Aktienoptionen erhalten haben, inzwischen zu Multimillionären geworden.

Ford und seine Bemühungen um ein höheres KGV

Schauen wir uns nun Ford an – ein Unternehmen, das aktiv um Verbesserung seiner KGV-Kennzahl bemüht ist. Im Vergleich zum durchschnittlichen KGV der S&P-500-Unternehmen in Höhe von 23 kann Ford lediglich die Kennzahl 8 aufweisen. Das ist eine gehörige Diskrepanz, die CEO Jac Nasser unter Aufbietung seines Business-Verstands zu überwinden sucht.

Allwöchentlich schreibt Nasser einen ein- bis zweiseitigen Brief an seine Mitarbeiter, um ihnen freimütig seine Ansichten zu unternehmensrelevanten Themen mitzuteilen. Der Brief wird per E-Mail an alle 350 000 Ford-Mitarbeiter weltweit versandt. Als bei Ford Anfang 2000 Aktienkurs und KGV scharf einbrachen, erläuterte Nasser in einem seiner Briefe die Zusammenhänge, um anschließend Business-Prioritäten aufzustellen, die seiner Überzeugung nach den KGV-Wert verbessern werden.

Eine der höchsten Prioritäten wird der Kundenzufriedenheit beigemessen. Die Argumentation lautet folgendermaßen: Es ist der Kunde, der für jedes Unternehmen die Rechnungen zahlt. Eine erhöhte Kundenzufriedenheit verbessert sowohl die Umschlaggeschwindigkeit als auch die Gewinnspanne, denn die Produkte bleiben nicht lange am Lager und die Kunden

Wertschöpfung bedeutet mehr als Geld verdienen

sind bereit, für die mit der Marke verbundenen Qualitäten ein wenig mehr zu zahlen. Außerdem ist das Bemühen um gute Beziehungen zum Kunden und damit um Kundenbindung weniger kostenintensiv als kontinuierliches Werben um Neukunden. Deshalb beschleunigt Kundenzufriedenheit Umsatz- und Ertragszuwächse.

Eine weitere Priorität bei Ford ist der Einsatz eines kundenorientierten Instruments, das unter der Bezeichnung *Consumer-driven 6-Sigma* bekannt ist. Mit einfachen Worten erklärt ist darunter Folgendes zu verstehen: *6-Sigma* ist ein Ansatz, der eine systematische Diagnose der Kernursache von Problemen erleichtert; in diesem Fall handelt es sich um Probleme, die Ford daran hindern, seine Ziele in Bezug auf die Kundenzufriedenheit zu verwirklichen. Die Ford-Mitarbeiter werden eigens im Verständnis und Einsatz dieses Instruments geschult, um die Kundenerfahrung zu verbessern.

Betrachten wir zum Beispiel das leidige Thema der Kundenanrufe. Wird der Anruf nicht schon bei den ersten drei Klingelzeichen beantwortet, reagiert der Kunde unzufrieden. 6-Sigma bedeutet in diesem Zusammenhang, dass es bei einer Million Anrufe höchstens drei Anrufe geben darf, die nicht bei den ersten drei Klingelzeichen beantwortet werden. Der Ansatz lenkt die Aufmerksamkeit gezielt auf den gesamten Prozess der Entgegennahme und Beantwortung von Kundenanrufen.

Derselbe Ansatz findet auf die Markteinführung neuer Produkte Anwendung. Wenn dieser Prozess reibungslos erfolgt, verbessern sich automatisch Umschlaggeschwindigkeit, Nutzung der Vermögenswerte und Kundenzufriedenheit. Je besser die Erfahrungen sind, die der Kunde macht, desto höher ist die Wahrscheinlichkeit von Wiederholungskäufen, Wachstumssteigerung und Margenverbesserung.

Eine dritte Ford-Priorität betrifft den weltweiten Ausbau seiner Spitzenmarken (Jaguar, Aston Martin, Lincoln, Volvo und Land Rover), um mittels profitabler neuer Umsätze zusätzliches Unternehmenswachstum zu erzielen.

Jac Nasser hat Unternehmensprioritäten bestimmt, die seiner Ansicht nach den KGV-Wert bei Ford steigern werden. Seine Entscheidungen basieren auf den Kernelementen unternehmerischen Denkens und Handelns: Cash, Gewinnmarge, Umschlaggeschwindigkeit, Rendite, Wachstum und Kunden.

Es gibt viele Aspekte, die auch eine mittlere Führungskraft zwecks KGV-Verbesserung berücksichtigen kann. Angenommen, Sie sind bei Ford als Ingenieur beschäftigt. Sind Sie in der Lage, das Syndrom *„Stammt nicht von uns"* zu überwinden? Vielleicht könnten Sie eine beim Lieferanten vorrätige Komponente geringfügig modifizieren, anstatt gleich selbst eine zu konstruieren – auf diese Weise verschaffen Sie dem Lieferanten ein höheres Volumen und senken zugleich den Komponentenpreis für Ford. Wenn Sie auf diese Weise 20 Millionen US-Dollar im Jahr einsparen und nicht noch zusätzliche Produktionsausrüstungen dafür anschaffen müssen, tragen Sie zur Wertschöpfung für die Aktionäre bei. Und wenn Sie das Jahr für Jahr so machen, steigt letztlich auch das KGV. Überlegen Sie mal, wie ein solches Vorgehen in Ihrer Abteilung Priorität erhalten könnte.

Wertschöpfung bedeutet mehr als Geld verdienen

Und angenommen, ein gemeinsames Vorgehen zwischen Produktion, Marketing und Autohändlern könnte die Spanne zwischen dem Zeitpunkt, zu dem ein Auto vom Fließband rollt, bis zu dem Zeitpunkt, wo es beim Händler ankommt beziehungsweise den Ausstellungsraum verlässt, verkürzen. Stellen Sie sich nur mal vor, was dies für Geldschöpfung, Kundenzufriedenheit und KGV bedeuten würde!

Es findet sich für alle Mitarbeiter hinreichend Gelegenheit, ihren gesunden Business-Verstand zu nutzen. Und wie gesagt: Aktionäre sind nicht die einzigen Nutznießer einer solcher Wertschöpfung. Auch Mitarbeiter profitieren, wenn sie Möglichkeiten haben, mehr zu verdienen, stärker zu wachsen und im Extremfall Zukunftsängsten, wie sie mit extern vorgenommenen Veränderungen infolge unterdurchschnittlicher Unternehmensleistung verbunden sind, vorzubeugen.

Teil III

Praktische Umsetzung im Geschäftsalltag

— 6 —

Mitarbeiterführung erfordert Mut

Talente heranziehen und Fehlbesetzungen ausgleichen

Jeder von uns kann sich um Praktizierung dessen bemühen, was CEOs mit ihrem hervorragenden Business-Verstand instinktiv leisten: den ganzen Wirrwarr unter Anwendung der universellen Gesetze des Geschäftserfolgs ordnen und die richtigen Business-Prioritäten bestimmen. Doch die theoretische Kenntnis vom Geldverdienen ist das eine – die Umsetzung, die praktische Durchführung, ist etwas ganz anderes.

Wie jeder CEO weiß, gibt es im Geschäftsleben zwar vierteljährliche Meilensteine, aber keine Ziellinie. Geschäftsführer müssen tagein, tagaus Ergebnisse vorzeigen, unablässig und konsistent, und das über lange Zeit hinweg. Nur bei zufrieden stellenden Ergebnissen fließt der Organisation Energie zu, wird Vertrauen aufgebaut, werden Ressourcen zur künftigen Entwicklung erwirtschaftet.

Nehmen wir einmal an, Sie haben drei oder vier Business-Prioritäten bestimmt, die in ihrer Gesamtheit eine leistungsfähige „Geldmaschine" anzukurbeln vermögen. Wie gelingt Ihnen nun die praktische Durchführung? Sofern Sie nicht – wie der Straßenverkäufer – einen Einmannbetrieb haben, können Sie nicht alles selbst erledigen. Sie sind auf die Unterstützung anderer Leute angewiesen, um die Arbeit getan zu bekommen.

Ob Sie nun CEO oder Abteilungsleiter sind oder noch ganz am Anfang Ihrer Karriere stehen: Sie müssen sich im geschäftlichen wie im zwischenmenschlichen Kontext als Führungspersönlichkeit verstehen. Ein Geschäftsführer weiß, was zu tun ist. Eine im Umgang mit ihren Mitmenschen kompetente Führungspersönlichkeit weiß, wie man etwas getan bekommt. Man muss das Engagement anderer Leute nutzen, ihre persönliche Leistungsfähigkeit steigern und ihre Tätigkeiten so aufeinander abstimmen, dass gute Resultate dabei herauskommen. Wenn Sie sich darauf verstehen, erzielen Sie Ergebnisse. Das ist es, was ich im Folgenden als *Durchführungskompetenz* bezeichnen will.

Bevor wir auf weitere Einzelheiten eingehen, wollen wir eines klarstellen: Eine sozialpsychologisch kompetente Führungspersönlichkeit ist nicht dasselbe wie jemand, der bei seinen Mitmenschen gut ankommt. Überlegen Sie mal, wen Sie für besonders fähig im Umgang mit anderen Leuten halten. Wie würden Sie diese Person beschreiben? Wenn ich diese Frage in meinen Vorlesungen stelle, bekomme ich Eigenschaften zu hören wie *aufgeschlossen, wohl gelitten, eine starke Persönlichkeit, engagiert, motivierend, charismatisch*.

Mit Persönlichkeit allein kann ein Unternehmen keine Ergebnisse erzielen. Es bedarf schon der Erkenntnis, wie die Organisation eigentlich funktioniert und wie die

Aktionen und Entscheidungen der Leute mit den richtigen Prioritäten in Einklang zu bringen sind. Genau diese Fähigkeit unterscheidet die Superstar-CEOs von allen anderen. Und ohne diese Fähigkeit werden viele anderweitig durchaus talentierte Geschäftsführer, ganz zu schweigen von all den dynamischen Jungunternehmern mit ihrem exquisiten Business-Verstand, letztlich im Job scheitern.

Sie können all das Geschwätz über Führungsstil und Unternehmenskultur getrost vergessen. Durchführungskompetenz verlangt konsequentes Praktizieren, nicht das Einbüffeln führungspsychologischer Theorien.

Die richtigen Leute im richtigen Job

Überall auf der Welt gibt es viele kleine Betriebe, in denen die ganze Familie mitarbeitet. Die Kinder helfen Mutter und Vater im Geschäft, ganz gleich, ob das nun der geeignetste Beruf für sie ist oder nicht. Möglicherweise entspricht das Geschäftliche in keiner Weise ihren natürlichen Anlagen, aber die Notwendigkeit, zum Lebensunterhalt beizutragen, wiegt schwerer als die Förderung einer beruflichen Entwicklung, die eine spezielle und gezielte Aus- und Weiterbildung natürlicher Begabungen verlangt. In solchen Fällen kommt es häufig zu familiären Konflikten, nicht aber zu betrieblichem Wachstum. Das ist seit Jahrhunderten so.

Jedes Unternehmen ist darauf angewiesen, dass es die richtigen Leute im richtigen Job beschäftigt. Die moderne Unternehmung basiert auf der Prämisse, dass professionelle Mitarbeiter durch den Einsatz ihrer besonderen Befähigungen zum betrieblichen Wachstum beitragen. Wenn ein Entscheidungsträger für seinen Job nicht geeignet ist, mangelt es seinen Entscheidungen an Qualität, und darunter leidet das ganze Unternehmen. Ist der Betreffende hingegen für den Job geeignet, wird er mit der Zeit immer bessere Leistungen erbringen und Freude an der eigenen Arbeit haben. Die Leistungsfähigkeit des Individuums steigt. Und wenn das überall im Unternehmen so ist, erfährt der gesamte Betrieb eine Leistungssteigerung.

Geschäftsführer, die über lange Zeit hinweg konsistent mit guten Ergebnissen aufwarten, erkennen, worin der einzelne Mitarbeiter besonders gut ist. Sie stellen eine Verbindung zwischen den betrieblichen Erfordernissen und den natürlichen Talenten des Betreffenden her. Sie wenden Zeit und Mühe auf, um ihre Mitarbeiter an solchen Arbeitsplätzen zu beschäftigen, an denen die individuellen Stärken optimal zum Tragen kommen.

Die Abstimmung von Person und Job beginnt damit, dass klar erkannt wird, welche besonderen Qualifikationen, Denkmuster und Befähigungen erforderlich sind, um den betrieblichen Prioritäten gerecht zu werden. Wie oft aber lassen gerade Leute in führender betrieblicher Position diesen Ausgangspunkt außer Acht!

Gesetzt den Fall, Sie wären Sam Walton und hätten die Absicht, ein Geschäft aufzubauen: Wie würden Sie bei der Auswahl der Mitarbeiter vorgehen, die Sie als Geschäftsführer in den neuen Läden einsetzen wollen? Wer in Ihrem Geschäft Geld verdienen will, muss sich auf Gewinnspannen, Umschlaggeschwindigkeit und

Mitarbeiterführung erfordert Mut

Umsatzsteigerung verstehen. Wenn Sie keinerlei Vorstellung davon haben, wer dazu fähig sein könnte, sollten Sie Ihren Traum, Kmart zu übertreffen, besser vergessen.

Sam Walton hat das wichtigste Kriterium für die Einstellung neuer Mitarbeiter in seinem Business definiert: gesunder Menschenverstand. Er wählte mit aller Sorgfalt Kandidaten aus, die diesem Kriterium genügen, um sie dann aufzubauen und zu schulen. So wurde den Mitarbeitern beigebracht, Umsätze, Preisgestaltung, Lagerbestände und Kunden mit Habichtsaugen zu verfolgen. Andererseits gewährte er ihnen erheblichen Entscheidungs- und Handlungsspielraum.

Sind Sie mal in einem Starbucks-Coffeeshop gewesen? Ist Ihnen die besondere Atmosphäre dort aufgefallen? Haben Sie die Leute beobachtet, die den Kaffee zubereiten? Man könnte das für einen langweiligen Job halten, aber den Starbucks-Angestellten macht ihre Tätigkeit offenbar Spaß. Starbucks scheint ein Gespür dafür zu haben, Leute für sich zu interessieren und zu beschäftigen, die in diese Atmosphäre passen. Sollte Starbucks mal nicht an solche Mitarbeiter kommen und Kompromisse eingehen müssen, dürfte sich das schnelle Wachstum ins Negative umkehren.

Natürliche Begabungen kann man beobachten, wenn man sich Zeit dafür nimmt. Man braucht lediglich darauf zu achten, welche Aufgaben einem Menschen leicht von der Hand gehen, um ihn und andere in seinem Umfeld zu motivieren.

Angenommen, Sie sind im Verkauf tätig. Vielleicht haben Sie schon erlebt, dass der Verkäufer mit den höchsten Umsatzzahlen zum Verkaufsleiter befördert wird – was sich bald als totaler Flop herausstellt. Hätten seine Vorgesetzten ihn genauer beobachtet, wäre ihnen vermutlich aufgefallen, dass er ein „Einzelkämpfer" ist. Er freut sich, wenn er einen Auftrag in der Tasche hat. Das motiviert ihn. Aber die natürliche Begabung oder der Wunsch, selbst Kandidaten auszuwählen und zu leistungsfähigen Außendienstlern zu machen, könnte ihm schlichtweg abgehen. Sollte es ihm jedoch nicht gelingen, andere Leute zu motivieren und ihre Leistungsfähigkeit zu steigern, wird er sie auch nicht dahin bringen können, die vorgegebene Geschäftspriorität – die Umsatzsteigerung – zu erfüllen. Der Betreffende mag ein fantastischer Verkäufer sein, aber ein höchst unzureichender Verkaufsleiter.

Auch die persönliche Einstellung spielt eine Rolle. Ist der Betreffende von Natur aus erfolgsorientiert? Ist er für Wandel aufgeschlossen? Wie könnte ein traditioneller Werksleiter, der an zwei Lagerumschläge gewöhnt ist, mental reagieren, wenn Sie ihm mitteilen, Sie wünschten künftig 30 Lagerumschläge? Was wäre, wenn er sich dieser Idee widersetzt? Wir haben das doch alle schon erlebt: Die Leute stimmen in einer Sitzung dieser oder jener Veränderung zu, und dann gehen sie aus der Tür und machen ihren alten Trott weiter. Sollten in Ihrem Umfeld viele solcher Leute beschäftigt sein, können Sie sich ausrechnen, wie es um die Durchführungskompetenz Ihres Unternehmens bestellt ist.

Eigentlich könnte man meinen, wenn jemand jahrelang in einem Unternehmen gearbeitet hat, wäre er in seinem Job aufgrund seiner langen Erfahrung besonders leistungsfähig. Doch mit dem Wandel in der realen Welt verlagern sich die geschäftlichen Prioritäten des Unter-

Mitarbeiterführung erfordert Mut

nehmens, sodass sich auch die Jobanforderungen geändert haben könnten. Beispielsweise hat sich Ford kürzlich eine neue Priorität gesetzt: Das Unternehmen will zum „weltweit führenden Kundenunternehmen mit kraftfahrzeugtechnischem Güter- und Serviceangebot" avancieren. Allerdings stellte man fest, dass es dazu bestimmter Kompetenzen wie Markenmanagement und Kundenwissen bedurfte, die bei so manchem Insider nicht hinreichend entwickelt waren. Um seine neuen Geschäftsprioritäten in die Praxis umzusetzen, stellte Ford eine Reihe erfahrener Leute aus anderen Unternehmen ein. So holte man sich den ehemaligen BMW-Manager Wolfgang Reitzle als Leiter für das Geschäft mit den Premiummarken. Außerdem führte Ford verschiedene unternehmensweite Fortbildungsmaßnahmen ein, um die Kundenzentriertheit im gesamten Unternehmen zu fördern.

Das vielleicht beste Beispiel für einen raschen Wandel bezüglich der betrieblichen Anforderungen ist die Branche der Finanzdienstleister. Die Geschäftsführer vieler solcher Finanzfirmen stellen fest, dass ihnen im Zuge der globalen Branchenkonsolidierung auf sämtlichen Führungsebenen gute Leute fehlen. Plötzlich sind aus vormals kleinen Firmen riesige Konzerne geworden, die entsprechend mehr Führungsebenen verlangen. Nur können die Finanzriesen auf keine „Warteliste" fähiger Leute zurückgreifen, die in der Lage wären, Betriebe solcher Größenordnung zu leiten. Als die Unternehmen noch kleiner waren, beschränkte man sich schlicht auf die Beförderung „exzellenter Mitarbeiter", von denen dann erwartet wurde, dass sie weiterhin ihre Verkaufsarbeit leisteten, zugleich aber auch Mitarbeiter zu führen verstanden. Oft genug setzten sie das fort, was ihnen Spaß machte – die Verkaufsarbeit nämlich; die Führungsaufgabe wurde vernachlässigt. Ihre Befähigung genügte nicht dem Anspruch, andere Mitarbeiter aufzubauen.

Viele Finanzdienstleistungsfirmen halten mittlerweile nach Kandidaten Ausschau, die vielleicht nicht die besten Vertreter ihres Faches sind, dafür aber die mentale und praktische Befähigung mitbringen, Mitarbeiter zu führen – Leute, denen es einfach Spaß macht, die Energie ihrer Mitarbeiter mit den Anforderungen des Geschäfts in Einklang zu bringen, ohne unbedingt selbst „Verkäufer des Jahres" werden zu wollen.

Wenn ein Unternehmen nicht die richtigen Leute im richtigen Job hat, kann es nicht wachsen und gedeihen. 1978 besuchte ich ein kleines Unternehmen mit einem Umsatzvolumen von seinerzeit 200 Millionen US-Dollar, um über dessen Geschäftsstrategie zu diskutieren. Es handelte sich um Intel, von drei Leuten gegründet, denen wir mittlerweile geniale Fähigkeiten zuschreiben: Andy Grove, Gordon Moore und der bereits verstorbene Bob Noyce. Diese Männer besaßen unglaubliche Energie, die Fähigkeit, über den eigenen Tellerrand hinauszublicken, sowie den leidenschaftlichen Drang etwas zu schaffen, was die Welt auf Dauer verändern und lohnende Ergebnisse für Aktionäre und Mitarbeiter abwerfen würde. Das ganze Geheimnis des Andy Grove, der die Mitarbeiterführung und die Organisation des Unternehmens maßgeblich bestimmte, besteht darin, die richtigen Leute für den richtigen Job anzuheuern. Ich war zufällig anwesend, als er einen Anruf von einem Ingenieur erhielt, der bei einer großen und hinlänglich bekannten Konkurrenzfirma beschäftigt war. Der Ingenieur sagte, er wolle eine Gehaltskürzung zum Anlass nehmen, sich bei Intel zu bewerben, weil er gern etwas Neues und Aufregendes tun möchte. Wie ich später erfuhr, wurde der Mann eingestellt. Seine Befähigung, seine innere Haltung und Motivation entsprachen ganz offensichtlich dem Job und den Anforderungen des Unternehmens. Ohne die passenden Leute wäre Intel niemals der Riesenkonzern geworden, der er heute ist.

Vom Umgang mit Fehlbesetzungen

Denken Sie mal über die Leute in Ihrem geschäftlichen Umfeld nach. Wie viele von ihnen müssen schlichtweg als Fehlbesetzungen gelten? Wenn die Kluft zwischen Jobanforderung und Jobausübung sehr groß ist, mag der Betreffende sich unsicher fühlen, weiß aber nicht recht, was er anders machen soll – und mit den Kollegen will er nicht darüber reden. Der Betreffende fängt an zu nörgeln und anderen Leuten die Energie zu rauben. Gute Geschäftsführer haben das Selbstvertrauen, sich der Realität zu stellen, Korrekturmaßnahmen zu ergreifen und dem Energieabfluss Einhalt zu gebieten.

Eine baldige Korrektur solcher Fehlbesetzungen verhilft Ihnen zu Durchführungskompetenz. Dennoch: Genau dies ist für viele Geschäftsleute, darunter auch zahlreiche prominente CEOs aus meiner Bekanntschaft, der Pferdefuß. Im Lauf der Jahre habe ich viele von ihnen gefragt, was denn ihr größter Fehler in Bezug auf den Umgang mit Mitarbeitern gewesen sei. Am häufigsten bekam ich zu hören: „zu lange gewartet" mit der Freisetzung eines Mitarbeiters, der seinem Job nicht gerecht wurde.

Andy Grove bewies Talent für die Einstellung von Leuten, die in sein schnell wachsendes Unternehmen passten. Dennoch kam im Zuge des Unternehmenswachstums so mancher Mitarbeiter mit den neuen Jobanforderungen nicht gut zurecht. Das Intel-Management sorgte für Korrektur: War der Betreffende für einen anderen Arbeitsplatz im Unternehmen möglicherweise besser geeignet? Vielleicht aber war bei Intel auch kein Platz für ihn, sodass er sich nach etwas anderem umsehen musste. Die Mitarbeiterfluktuation ging zu einem gewissen Teil von der Geschäftsführung aus. Wären solche Fehlbesetzungen vom Management ignoriert worden, hätten wir von Intel vermutlich nie etwas gehört.

Warum wird das Problem Fehlbesetzungen so häufig totgeschwiegen? Aus ganz persönlichen Gründen. So kann es sein, dass man sich dem Betreffenden menschlich verpflichtet fühlt oder meint, ihn noch „zurechtbiegen" zu können; vielleicht will man auch nur die Möglichkeit eines Konflikts vermeiden. Ich erlebe allenthalben, wie solche Gespräche vorbereitet werden; wenn es dann so weit ist, tritt man den Rückzug an.

Konfliktvermeidung schadet dem Geschäft. Dabei gibt es wohl keine Situation für den Betreffenden und die Kollegen in seinem Umfeld, die noch unglücklicher wäre. Mitarbeiter klagen häufig, sie fühlten sich nicht wohl in ihrem Job, weil das Arbeitsumfeld nicht stimme. Zuweilen trifft dies zu, aber in vielen Fällen ist ihre Unzufriedenheit in Wirklichkeit darauf zurückzuführen, dass die natürliche Befähigung des Betreffenden nicht

Mitarbeiterführung erfordert Mut

mit den Jobanforderungen harmoniert. Wird das Problem der Fehlbesetzung hingegen in Angriff genommen und gelöst, werden Energieströme freigesetzt.

Wenn einem solcherart unglücklichen (für seinen Job nicht geeigneten) Mitarbeiter nahe gelegt wird, die Firma zu verlassen, reagiert der Betroffene zunächst schockiert oder enttäuscht. Findet er dann aber ein anderes Unternehmen, in dem gerade seine Fähigkeiten gefragt sind, können seine Energien ungehindert fließen. Frau und Kinder erleben es mit; sein Leben steht wieder unter einem glücklichen Stern. Eine neue Motivation zur Erzielung weiterer Fortschritte stellt sich ein.

In diesem Zusammenhang fällt mit ein Bekannter ein (nennen wir ihn Paul Richards), der seine Karriere als Verkäufer in einem globalen 5-Milliarden-US-Dollar-Unternehmen begann und schon bald seine Fähigkeiten als Manager unter Beweis stellte. Er wurde befördert und blühte geradezu auf. Er war aufrichtig um seine Mitarbeiter bemüht und vermochte sie zu fördern und zu motivieren. Aufgrund seines Erfolgs wurde Richards Geschäftsführer für ein ganzes Land und leistete wiederum hervorragende Arbeit. Von dort wurde er zum US-Dollarpa-Chef befördert.

Sein andauernder Erfolg weckte das Interesse des CEO, dem er sehr loyal zuarbeitete. Nach geraumer Zeit hatte der CEO ein Problem. Eine der Hauptsparten, die infolge einer Reihe von Akquisitionen ein schnelles Wachstum erfahren hatte, ließ eine rückläufige Entwicklung erkennen. Der Spartenleiter, der die Akquisitionsabschlüsse herbeigeführt hatte, war mit der anschließenden Durchführung überfordert; als sich die Verluste mehrten, musste er gehen. Der CEO fragte Richards, seinerzeit noch US-Dollarpa-Chef, ob er nicht die schwächelnde Sparte übernehmen wolle. Zwar handelte es sich um eine Branche, von der Richards keine Ahnung hatte, aber die neue Aufgabe reizte ihn.

Richards übernahm den Job, hatte aber von Anfang an zu kämpfen. Nach sechs Monaten war er bereits erkennbar ins Schlingern geraten. Da er kaum Ergebnisse vorzuweisen hatte, gab er als Plan für sein weiteres Vorgehen an, er wolle einige Leute auswechseln und auch Berater hinzuziehen. Schließlich gehörte er nicht zu denen, die leicht aufgeben. Mittlerweile war seine unzureichende Performance auch seinem Chef aufgefallen, und als er sein Ziel, irgendwann selbst CEO zu werden, in immer weitere Ferne rücken sah, ließ auch seine Energie nach.

Richards erkannte, dass seine Karriere gefährdet war. Er gab seinen Job auf und übernahm die Geschäftsführung in einem anderen Unternehmen. Das neue CEO-Amt gehörte zu einer Branche, in der er sich auskannte und die seinen natürlichen Anlagen entgegenkam. Die Sache stimmte wieder; sein Selbstvertrauen und seine Energie kehrten zurück. Schon bald darauf, so sagte er mir, habe er sich „befreit" gefühlt.

Eine andere Führungskraft in einem 23-Milliarden-US-Dollar-Unternehmen galt eher als Außenseiter. Die Mitarbeiter liebten den Mann, aber seine Kollegen und Vorgesetzten, die er für inkompetent hielt, warfen ihm Anmaßung und Arroganz vor. Er war der Meinung, er verdiene den Job seines Chefs und müsse irgendwann CEO werden. Je frustrierter er wurde, desto weniger mochten sich seine Vorgesetzten und Kollegen mit seinem Verhalten abfinden. Schließlich verschaffte ihm ein

Headhunter den Job als CEO einer Start-up-Firma. Hier kamen seine natürlichen Befähigungen und sein innerer Motivationsdrang zur vollen Entfaltung. In weniger als drei Jahren vermochte er für seine Firma einen höheren Marktwert zu erwirtschaften, als ihn das frühere Unternehmen besaß. Inzwischen gilt der Mann als höchst profilierter CEO.

Coaching

Leute, die an ihrem Arbeitsplatz gute Leistungen erbringen, brauchen ebenfalls Aufmerksamkeit. Eine geschickte Führungskraft sorgt zusätzlich für eine Erweiterung der Kompetenz ihrer Mitarbeiter, indem sie diesen hilft, ihre Kenntnisse und Qualifikationen zu kanalisieren, ihre Fähigkeiten weiter auszubauen und ihre positive Energie freizusetzen. Eine solche Kompetenzerweiterung kann bedeuten, dass man dem betreffenden Mitarbeiter einen „Stretch Job" überträgt, der erhöhte Anforderungen stellt und eine neue Qualifikation oder Perspektive verlangt.

Wie würden Sie reagieren, wenn Ihnen jemand ein positives Feedback zu besonders guten Leistungen zukommen lässt und Ihnen Anregungen gibt, wie Sie Ihre Fähigkeiten noch steigern können? Vermutlich würden Sie sich so vorkommen, als ob Sie von einem persönlichen Berater betreut würden – von einem Mentor, der Ihnen zum Erfolg verhelfen will. Sie würden sich mit neuer Energie „aufgetankt" fühlen. Ich kann Ihnen aus Erfahrung sagen: Es funktioniert. Indem Sie solches für

Ihre Mitarbeiter tun, erweitern Sie zugleich Ihre eigene Kompetenz.

Mir ist vom Hörensagen ein Mann bekannt, der früher mal ein kleines Kunststoffunternehmen in Massachusetts leitete. Jeden Sonntagvormittag griff er zum Telefon, rief die ihm unmittelbar unterstellten Mitarbeiter an und diskutierte mit ihnen über etwas, was er am Morgen in der *New York Times* gelesen hatte. Dieser Mann nutzte die Telefonanrufe, um seinen Leuten intellektuelle Anregungen zu geben und ihren Horizont zu erweitern. Nach rund fünf Sonntagen waren alle dabei, Zeitung zu lesen und das Gelesene zu diskutieren. Sie betrachteten dies als ihre Pflicht und eigneten sich auf diese Weise eine umfassendere Sicht von der Unternehmenslandschaft an. (Übrigens – es handelte sich um den jungen Jack Welch zu Beginn seiner Karriere.)

Vielleicht sind Sie der Meinung, Sie gäben den Leuten bereits ein Feedback, wenn Sie die alljährlich anstehenden Leistungsbeurteilungen vornähmen. In Wirklichkeit aber dienen Leistungsbeurteilungen kaum zur Förderung von Mitarbeitern. Meistenteils sind sie lediglich Anlass, eine Gehaltsveränderung auf der Basis der Vorjahresleistung mitzuteilen oder eine Beförderung beziehungsweise Degradierung zu rechtfertigen. Dies ist *keine* Möglichkeit, den Mitarbeitern zu persönlicher Weiterentwicklung zu verhelfen.

Coaching ist etwas anderes als Leistungsüberprüfung. Es geht nicht darum, was ein Mitarbeiter im letzten Jahr geleistet hat; und es geht auch nicht um Geld. Coaching ist vielmehr eine ganz persönliche Angelegenheit. Sie sprechen den Betreffenden gezielt an: Sie helfen ihm, die eigenen Schwachstellen zu erkennen

Mitarbeiterführung erfordert Mut

und zu lernen, dieses oder jenes besser zu machen. Ihr Feedback muss ehrlich und direkt sein. Süßholz raspeln führt zu nichts.

Jede Begegnung bietet eine Möglichkeit zum Coaching, wobei dies eher früher als später geschehen sollte. Ich kenne einen Geschäftsmann, der das Ziel verfolgte, einmal CEO eines großen Unternehmens zu werden. Alljährlich bekam er Gehaltserhöhungen und die höchsten Prämienzahlungen; alle waren der Meinung, er sei fantastisch, er begeistere die Mitarbeiter, er komme stets seinen Verpflichtungen nach. Doch als schließlich die Berufungskommission über seine Persönlichkeit diskutierte, ließ einer der Direktoren folgenden Kommentar verlauten: „Er nimmt den Berg mit Leichtigkeit, aber man muss ihm sagen, welchen Berg er besteigen soll."

Das Urteil, das diesem einen Satz zugrunde lag, gefährdete in der Tat die Chancen des Kandidaten, CEO zu werden. Aus Sicht eines der Gutachter wies der Kandidat einen verhängnisvollen Fehler auf. Es war das erste Mal, dass überhaupt ein Fehler angesprochen wurde – und es war zu spät. Für den Betreffenden wäre viel besser gewesen, wenn er ein solches Feedback zehn Jahre früher bekommen hätte, als ihm noch Zeit für eine persönliche Weiterentwicklung blieb.

Zuweilen bietet auch eine peinliche Situation Gelegenheit zum Coaching. Von verschiedener Seite habe ich gehört, wie Jack Welch, ein Meister im Coaching, eine verunglückte Präsentation in eine Lernerfahrung umwandelte. Der CEO hatte eine Gruppe von Führungskräften der mittleren Ebene zu einer E-Commerce-Demonstration eingeladen. Als einer der Manager mit seiner Präsentation beginnen wollte, funktionierten seine Vorführgeräte nicht. Da stand der Mann nun vor einem sehr anspruchsvollen CEO und zehn Kollegen. Sie können sich vorstellen, wie dem zumute war.

Und was tat der CEO? Jack Welch setzte sich sofort kerzengerade auf, fixierte die Anwesenden und sagte: „Wenn Ihnen dies vor einem Kunden passiert wäre, wie hätten Sie reagiert? Lassen Sie uns diskutieren, was Sie in einer solchen Situation getan hätten." Welch wusste, dass der Betreffende seinen Vortrag gut vorbereitet hatte und dass so etwas jedem hätte passieren können. Anstatt dem Mann Vorwürfe zu machen und eine negative Situation aufkommen zu lassen, agierte er spontan als Lehrer und Coach.

Selbstbewusste und selbstsichere Führungspersönlichkeiten sind gern zu aufrichtigem Feedback bereit, weil sie wissen, dass die Förderung von Mitarbeitern in ihren Verantwortungsbereich fällt. Unter *aufrichtigem Feedback* verstehe ich, dass man den Leuten sagt, was man denkt. Allzu häufig zögert man, weil man meint, vielleicht nicht Recht zu haben oder mit Repressalien rechnen zu müssen. Aber meist liegen Sie mit Ihren instinktiven Vermutungen richtig und dürften Ihren Blick mit der Zeit noch schärfen. Ich habe es schon oft erlebt: Wenn erfahrene Geschäftsleute am Tisch sitzen und offen über einen Kandidaten sprechen, sind sie sich in ihrer Beurteilung sehr schnell einig. Es ist gar nicht so schwer, den kritischen Aspekt einzukreisen, den der Betreffende verbessern muss.

Einige Leute meinen, ein derartiges Coaching sei eine gute Sache, aber ihr Unternehmen biete dafür kein geeignetes Umfeld. In einem solchen Fall können Sie immer noch mit drei oder vier Leuten beginnen, die dafür empfänglich sind. In einem globalen Unternehmen, das sich noch nie um dergleichen gekümmert hatte, konnte ich beobachten, wie sich ein junger Manager in Uruguay seine Mitarbeiter der Reihe nach vornahm und sie im obigen Sinne beriet. Gerade in einer solchen Kultur fällt es nicht leicht, ein Feedback hinzunehmen, aber dieser Manager schritt zur Tat. Sie hätten erleben sollen, wie dankbar die Leute diesem Mann waren. Innerhalb von sechs Monaten hatte er das Unternehmen umgewandelt und seine Leistung war so gut, dass er binnen eines Jahres als ein Kandidat angesehen wurde, den es zu beobachten und mit neuen Führungsaufgaben zu betrauen galt. Vielleicht bringt er es eines Tages zum CEO.

Business-Coaching

Wenn Führungskräfte versuchen, Mitarbeiter zu coachen, konzentrieren sie sich zumeist auf deren Verhalten. Doch sollte auch die Business-Seite nicht in Vergessenheit geraten. Ist der oder die Betreffende in der Lage, Komplexes auf das Wesentliche zu reduzieren? Wählt der oder die Betreffende die richtigen Geschäftsprioritäten? Handelt es sich um sehr spezifische und operative Prioritäten? Sorgt der oder die Betreffende für ihre Umsetzung?

Im Folgenden ist ein Brief abgedruckt, den Sie lesen sollten. Es ist die unkenntlich gemachte Version eines echten Briefes: Absender ist der CEO („Bob"), Empfänger ein Bereichsleiter („Tom") eines 4-Milliarden-US-Dollar-Unternehmens. Bob und Tom hatten zunächst ein Gespräch geführt, das der CEO dann schriftlich zusammenfasste. Das Unternehmen ist nicht nur in den Vereinigten Staaten, sondern auch weltweit die Nummer eins und kann mit guten Renditen aufwarten – zweifellos ein lohnendes Geschäft.

31. Juli 1998

Lieber Tom,

nachstehend ein paar Überlegungen zu Ihrem Budgetantrag.
Ihr Plan muss sich besonders mit den vergleichsweise niedrigen Umsätzen und niedrigen Preisen befassen. Bitte bringen Sie das Verkaufsteam auf Kurs. Lassen Sie sich keine Aufträge entgehen. Die US-Dollarpäer werden die Einstellung von Leuten honorieren. Sie befinden sich inmitten eines grundlegenden Wandels, der keineswegs zyklischer Natur ist; die Organisation will das als vorübergehende Entwicklung darstellen.
Wir wollen die Ressourcen auf Wachstumsmärkte konzentrieren. Bei der Ressourcenallokation reden wir über die Zukunft, verteilen unsere Mittel jedoch nach Maßgabe historischer Kriterien. Henrik ist auf US-Dollarpäische Ressourcen angewiesen.

> *Der US-Dollarpa-Bereich bedarf eines radikalen Wandels; dort ist noch die alte Mannschaft am Ruder. Wie können wir erreichen, dass sich die Leute dort auf die Unternehmensziele konzentrieren, anstatt sich um ihre regionalen Pfründe zu kümmern? Wir sollten auf den bisherigen nationalen Namen verzichten und eine Integration in das Gesamtgeschäft vornehmen.*
>
> *Ihr primäres Produktprogramm braucht Energie und Pep. Es muss mehr in der Weise betrieben werden, wie auch Ihr neueres Programm abgewickelt wird – Produkt für Produkt, Manager für Manager, Förderung von Neuprodukten. Es ist zu komplex; wir müssen es vereinfachen.*
>
> *Tom, 1998 wird Ihr schwierigstes Jahr sein. Sie stehen vor einer schwierigen Aufgabe. Ich bin froh, Sie auf Ihrem Posten zu wissen.*
>
> Bob

Tom zählt zu den besten Führungskräften im Unternehmen. Er hat schon viel erreicht. Die Erzielung einer Rendite von 40 Prozent ist kein Kinderspiel, aber Tom hat es geschafft.

Nun ist Toms Ego angekratzt. Bob hält es offensichtlich für nötig, ihm zu sagen, *wie* er seinen Job abwickeln soll. Anscheinend packt Tom die wirklich schwierigen Probleme nicht richtig an.

Was lesen Sie aus dem Brief heraus? Was lässt Tom nach Bobs Meinung vermissen? Er hat den Wandel falsch eingeschätzt – der Strukturwandel im Geschäft ist von grundlegender Natur, kein vorübergehender Trend. Tom hat das nicht richtig erkannt. Was geschieht, wenn es Bob nicht gelingt, Tom auf diesen Wandel auszurichten? Wie steht dann Bob als CEO da?

Und Bob hinterfragt noch einen zweiten Aspekt. Er macht sich Sorgen, ob Tom hinreichend Ressourcen für die Zukunft bereithält. Er möchte erreichen, dass Tom nicht länger zurück, sondern nach vorn schaut. Bob ist nicht daran gelegen, dem Mann auf die Schulter zu klopfen und ihm Anerkennung für den „guten Job" zu zollen. Vielmehr geht er ganz gezielt vor. Und Sie können wetten, dass er sich durchzusetzen versteht.

Stellen Sie sich vor, Sie wären in Toms Lage. Sie wissen, dass Bob Sie sehr schätzt. Würde dieser Brief Sie veranlassen, sich zu verkriechen? Ihren Job zu kündigen? Oder würden Sie ihn vielmehr als eine Art Wegweiser verstehen? Sollten Sie anderer Meinung sein, müssten Sie eventuell noch einmal mit Ihrem Boss reden. Ansonsten liegt Ihnen eine deutliche Marschroute für die weitere Gestaltung Ihrer Karriere vor.

Lesen Sie nun den Brief, der sechs Monate später folgte:

13. Januar 1999

Lieber Tom,
Ihre Sitzung letzte Woche hat mir gut gefallen. Man konnte die Energie im Raum richtig knistern hören.

1998 war ein recht gutes Jahr für Ihren Bereich. Die Ergebnisse in US-Dollarpa sind nach wie vor enttäuschend – da muss 1999 ganz offensichtlich etwas getan werden. Wie kann ich Sie unterstützen?

Lagerbestände, Forderungen und Umlaufvermögen lassen eine bescheidene Verbesserung erkennen. Wenn wir nun auf das Jahr 1999 blicken, so gibt es einige Punkte, die Sie meines Erachtens bedenken sollten:

- *Globaler Marktplatz: Hier besteht großes Potenzial für einen radikalen Wandel. Ist Ihr Team bereit, die drastische Schwerpunktverlagerung in der Kostenstruktur vorzunehmen?*
- *Hochwertige Produkte: Legen wir genügend Schwergewicht auf hochwertige Produkte? Danach richtet sich der Einsatz Ihrer Programmgelder – jetzt.*
- *Lieferanten: Die Initiative zur Verbesserung der Lieferantenbeziehungen muss die gesamte Organisation erfassen und gewissermaßen zum Lebensstil werden. Achten Sie darauf, die Messlatte hoch genug anzusetzen.*
- *Entwicklungsländer: Zwischen Indien und China gibt es 2 Milliarden Menschen – ein enormer potenzieller Markt für uns. Ich hoffe, wir können im ersten Quartal einen Plan zu-*

sammenstellen, der zu 100 Prozent auf die Förderung dieser Schwellenmärkte abzielt.

Zum Schluss möchte ich Sie aus operativer Sicht für 1999 bitten, das Ganze als einen zweiten Akt zu betrachten. Der Bereich befindet sich derzeit in einem massiven Übergang. Sie müssen sich voll und ganz den Möglichkeiten und Herausforderungen widmen, die auf Sie zukommen. Sie verfügen über hohe Führungskompetenz; für Sie muss das Glas halb voll sein – nicht halb leer!

Besten Dank für Ihre Unterstützung bei der Umsetzung unserer Initiative zur Verbesserung der Lieferantenbeziehungen. Sie wird 1999 einen konkreten Beitrag für das gesamte Unternehmen leisten.

Bob

In diesem Brief spricht der CEO Kostenstruktur, Produktprogramm, Umsatzrückgang und Wachstum an. Aus all den komplexen Zusammenhängen greift er vier Punkte heraus. Er hält sich nicht mit Allgemeinplätzen auf. Er benutzt nicht das Wort *Strategie*. Er drückt sich konkret und gezielt aus. Ein halbes Jahr ist vergangen, ohne dass wesentliche Fortschritte erreicht worden sind. Nun fragt der Boss: „Wie kann ich Sie unterstützen?" Mit anderen Worten: Er hält eine Hilfestellung für erforderlich.

Sie sollten beachten, dass Bob in diesen Briefen nicht an einer persönlichen Beratung gelegen ist. Vielmehr geht es um geschäftliche Belange: um die Sichtweise des Bereichsleiters mit Bezug auf externe Business-Entwicklungen, um seine Fähigkeit, sich den grundlegenden Realitäten und Anforderungen des Geschäfts zu stellen. Bob hilft Tom, gesunden Business-Verstand zu entwickeln und seine Menschenkenntnis zu verbessern. Wenn Tom darauf nicht reagiert, gibt er zu erkennen, dass er für den Job nicht geeignet ist.

Möglicherweise sind solche Briefe für Ihre jüngeren Kollegen ein wenig zu scharf. Sie können ja eine weichere Tonart wählen. Aber auf ein Business-Coaching sollten Sie keineswegs verzichten. Konzentrieren Sie sich auf einen einzigen Aspekt, von dem Sie meinen, dass eine Verbesserung seitens des Mitarbeiters einen positiven Einfluss auf dessen Person und seinen Verantwortungsbereich hat.

Coaching in Fragen des persönlichen Verhaltens

Im Folgenden wollen wir noch ein Beispiel erörtern, wie Coaching mit Bezug auf eine bestimmte Verhaltensweise aussehen kann. Es geht um ein in etablierten Unternehmen häufig zu beobachtendes Phänomen: Ein intelligenter, fleißiger, pflichtbewusster und loyaler Mitarbeiter fühlt sich Gruppenzwängen ausgesetzt. Der Betreffende wird von den anderen sehr geschätzt, aber unter dem Druck der Gruppendynamik fühlt er sich nicht stark genug, eine abweichende Meinung zu vertreten. Der Mitarbeiter stimmt also irgendeinem Punkt zu, obwohl er sich voll dessen bewusst ist, dass er sich nicht danach richten will. Im Einzelgespräch erweist sich der Mitarbeiter als offener und ehrlicher Gesprächspartner, der sich durchaus klar zu äußern versteht. Doch im Gruppenkontext bringt er nicht den Mut auf, andere herauszufordern. Stattdessen geht er Verpflichtungen ein, die er nicht erfüllen kann oder will. Solche Leute sagen zu allem Ja und Amen, aber sobald die Sitzung zu Ende ist, halten sie sich nicht mehr an die Vereinbarung.

Diese Schwäche ist sowohl dem Betreffenden selbst als auch der Gruppe abträglich. Sie führt zu Entscheidungen, die dann erst wieder überprüft und überarbeitet werden müssen. Kurz, die Gruppe kommt nicht recht voran. Unter Umständen kann es sogar passieren, dass die Gruppe ihre Business-Prioritäten nicht mehr erfüllt. Es ist Aufgabe der Führungskraft, diese Schwäche aufzudecken, sie dem Betreffenden bewusst zu machen und ihm durch Coaching zur ihrer Überwindung zu verhelfen.

Betrachten wir dazu das folgende Beispiel: Der CEO eines großen Technologieunternehmens mit Sitz außerhalb der Vereinigten Staaten berät einen ihm direkt unterstellten Bereichsleiter, der neu in der Branche ist. Der CEO schreibt einen Brief, der auf den ersten beiden Seiten voller Komplimente ist. Und dann werden die Bereiche genannt, die es zu verbessern gilt:

Mitarbeiterführung erfordert Mut

> ... Wichtig für Sie ist, dass Sie Ihre Leistung in den folgenden Bereichen steigern:
>
> 1. Sie sollten sich eingehender mit den operativen Details Ihrer Betriebe befassen. Ob es um Serviceniveau oder Kapitalaufwand geht – Sie müssen sich mit den jeweiligen innerbetrieblichen Abläufen auskennen und die Betriebsleiter rigoros zu hohen Leistungen anhalten. Sie sind zwar Branchenneuling, verfügen aber über eine schnelle Auffassungsgabe. Sie tun gut daran, sich eine stärkere Wissensbasis anzueignen.
> 2. Zuweilen gehen Sie zu verständnisvoll mit Ihren Leuten um und akzeptieren Pläne oder Leistungen, die genau genommen unter dem Standard liegen. Stellen Sie höhere Anforderungen. Sie müssen Ihre Standards immer so hoch oder höher ansetzen, dass wir dem Unternehmen mit unseren Leistungen zu globaler, exzellenter Performance verhelfen.

Im Wesentlichen bringt der CEO damit zum Ausdruck, dass der Betreffende einfach zu nett ist. Das zwischenmenschliche Verhalten dieser Führungskraft ist den Unternehmensergebnissen abträglich. Vielleicht tritt er noch unsicher auf, weil er neu in der Branche ist. Der CEO weist ihn auf seine Verantwortung hin und verlangt von ihm, dass er seine Leute ebenfalls zur Verant-

Praktische Umsetzung im Geschäftsalltag

wortung zieht. Der Betreffende weiß nun, dass er in Personalfragen mit Rückendeckung rechnen kann.

Ich kenne einen Manager, der mir als fabelhaft, brillant, visionär und sehr engagiert beschrieben wurde. Diesem Mann wurde von seinem CEO mitgeteilt, es mangele ihm an Durchsetzungskraft, seine Verluste zu reduzieren. Was das bedeutete? Vielleicht hatte der Mann Angst, Fehler einzugestehen, und hielt zu lange an einem Verlustgeschäft fest; vielleicht steckte er weiterhin Gelder in ein zum Scheitern verurteiltes Projekt; vielleicht vermochte er auch schlichtweg nicht zu realisieren, dass ein von ihm persönlich ausgewählter Mitarbeiter seinen Arbeitsaufgaben nicht gerecht wurde.

Sofern der Betreffende ein direktes Feedback erhält und Abhilfe schafft, kann das Unternehmen nur profitieren. Auf die Durchführungskompetenz kommt es an!

— 7 —

Die Organisation muss entscheidungsfähig sein

Entwicklung sozialer Betriebsmechanismen

Wenn nur von Individuen die Rede ist, wird die Realität einer Organisation nicht vollumfänglich erfasst. Greifen Sie auf Ihre eigenen Erfahrungen zurück: Was fehlt? All das, was die Mitarbeiter untereinander verbindet. Selbst wenn Sie die richtigen Leute am richtigen Arbeitsplatz beschäftigen: Solange Sie den Arbeitseinsatz Ihrer Mitarbeiter nicht abstimmen und mit den Geschäftsprioritäten verknüpfen, können Sie keine Durchführungskompetenz erwarten. Von Geschäftserfolg keine Spur!

Eine synchronisierte Organisation agiert wie eine hochleistungsfähige Rudermannschaft – die eintrainierte Rhythmik verhilft dem Team zu Leistungen, wie sie von den einzelnen Mitgliedern nicht erbracht werden könnten. Synchronisation steigert die Kapazität der gesamten Gruppe.

Für einen Tante-Emma-Laden, in dem die ganze Familie mitarbeitet, ist Synchronisation keine große Sache. Söhne und Töchter mögen nicht genau die Fähigkeiten besitzen, die das Geschäft verlangt, aber der Arbeitseinsatz lässt sich auf ganz natürliche Weise koordinieren. In einer kleinen Organisation ist jeder mit jedem Ablauf vertraut. Jeder hört mit, was am Telefon gesprochen wird; man geht gemeinsam zum Essen. Man passt sich automatisch einander an und schließt die erforderlichen Kompromisse. Sollten Unstimmigkeiten vorhanden sein, wird darüber geredet.

Doch wenn eine Organisation wächst und Dutzende, wenn nicht gar Hunderte von Menschen zusammenarbeiten, gerät die Synchronisation zu einer größeren und anspruchsvolleren Aufgabe. Um die verschiedenen Verantwortungsbereiche aufzuteilen, entwickeln Sie eine Organisationsstruktur. Und von dem Moment an, in dem Sie diese Struktur einführen, verändert sich die soziale Interaktion in der Organisation. So werden Informationen, die vom einen Teil der Organisation zum anderen fließen, oft verkürzt oder entstellt. Je größer das Unternehmen ist, desto schwieriger wird es für die Mitarbeiter, Informationen gemeinschaftlich zu nutzen, gemeinsame Entscheidungen herbeizuführen und ihre Prioritäten anzupassen. Die Entscheidungsfindung wird verzögert. Die Durchführungskompetenz nimmt ab.

Der Mangel an Synchronisation erklärt, warum so viele kleine Ladenbesitzer und Straßenverkäufer kein betriebliches Wachstum erreichen. Sie wissen nicht, wie die Mechanismen zu entwickeln sind, mit denen sie ihre Leute sinnvoll koordinieren, individuelle Leistungen steigern und die Kapazität des Geschäfts insgesamt erweitern können.

Durchführungskompetenz ist nur dann zu erzielen, wenn ein Mechanismus vorhanden ist, der die Arbeitsbeiträge der einzelnen Mitarbeiter aufeinander abstimmt – ein Mechanismus, den ich mittlerweile als „sozialen Betriebsmechanismus" (Social Operating Mechanism^{SM}) bezeichne. Die Entwicklung solcher sozialen Betriebsmechanismen ist für die Gewährleistung von Durchführungskompetenz von entscheidender Bedeutung.

Der soziale Betriebsmechanismus bei Wal-Mart

Sam Walton hat einen sozialen Betriebsmechanismus entwickelt, für den er meines Erachtens einen Nobelpreis in Betriebswirtschaft verdient hätte (wenn es denn so etwas gäbe).

Anfang der 90er-Jahre schwärmten von montags bis mittwochs an die 30 Regionalleiter aus, um neun Wal-Mart-Läden und sechs Konkurrenzgeschäfte aufzusuchen. Sie kauften alle möglichen Sachen ein und verglichen die Produktpreise. 1991 verfolgte Wal-Mart eine Preispolitik, der zufolge die Preise für die eigenen Produkte um 8 Prozent unter den Preisen für wichtige Konkurrenzprodukte im jeweiligen Bezirk liegen sollten; die allwöchentlichen Besuchstouren sollten sicherstellen, dass die Strategie der niedrigeren Preise auch tatsächlich in die Praxis umgesetzt wurde.

Und was sehen Regionalleiter, wenn sie ihren Job richtig ausführen? Nicht nur die Preise. Sie beobachten die Ware, die Art der Warenauslage, das Kaufverhalten der Kunden, die äußere Aufmachung der Geschäfte, die Atmosphäre in den Geschäften, neue Vorgehensweisen bei der Konkurrenz sowie das Verhalten der Angestellten.

Kommen wir auf die Kernelemente zurück. Die Kunden – wer sind sie und was kaufen sie? Ist das Geschäftsangebot auch in Zukunft tragfähig? Auskunft darüber geben Wettbewerbsanalysen, die bei Wal-Mart laufend durchgeführt werden.

Beachten Sie die Anzahl der Filter bei Wal-Mart zwischen den Regionalleitern und dem eigentlichen Geschehen vor Ort: Null! Und was haben Null-Informationsfilter an Vorteilen zu bieten? Zeit- und Qualitätsvorteile. Null-Verzögerung. Null-Verzerrung. Null-Misstrauen. Und wie steht es um die Schärfung der Sinne? Die Kompetenz wächst mit zunehmender Praxis.

Donnerstagvormittags hielt Sam Walton eine vierstündige Sitzung mit einer Gruppe von rund 50 Managern ab. Dazu zählten die Regionalleiter, die den Geschäften einen Besuch abstatteten, Käufer, Logistik-Leute und Mitarbeiter aus der Werbung. So konnte in einer solchen Donnerstagvormittagssitzung etwa zur Sprache kommen, dass eine bestimmte Region bis zum kommenden Dienstag Hunderttausend weitere Stapel Pullover auf den Regalen haben musste. Solche Pullover sind im Nordosten nicht sonderlich gefragt – vielleicht, weil es nicht kalt genug ist oder aus irgendwelchen anderen Gründen. Jedenfalls sind Anpassungen in der Lagerhaltung machbar.

Informationen werden ausgetauscht und integriert, Entscheidungen werden getroffen, und jeder der Teilnehmer verschafft sich ein vollständiges Bild vom Geschäft und erhält allwöchentlich einen Eindruck von der aktuellen Konkurrenzsituation. Die Leute handeln auf der Basis ungefilterter Informationen, die sie direkt von den Verbrauchern und Angestellten vor Ort beziehen.

Der von Sam Walton entwickelte soziale Betriebsmechanismus verlagerte die Prioritäten von der Spitze zur Basis, denn genau dort kommt es auf Synchronisation an. Zugleich wurden Zuständigkeiten und Verantwortlichkeiten integriert. Wer sich nicht bereitwillig an der Diskussion beteiligte, fiel schnell auf.

Wal-Mart ist ein durch und durch verbraucherorientiertes Unternehmen. Allerdings dürfen Sie den sozialen Betriebsmechanismus von Walt-Mart nicht einfach kopieren. Vielmehr müssen Sie selbst herausfinden, an welchen Stellen es in Ihrer Organisation auf eine gemeinschaftliche Nutzung von Informationen sowie gegenseitige Abstimmung ankommt; entsprechend gilt es, die für Ihr Unternehmen erforderlichen sozialen Betriebsmechanismen zu gestalten.

Entwicklung sozialer Betriebsmechanismen

Denken Sie mal nach: Wie steht es in Ihrem Unternehmen um die Synchronisation und Integration von Arbeitseinsätzen? Vermutlich erfolgt ein Großteil der erforderlichen Abstimmungen auf Sitzungen. Doch als sozialer Betriebsmechanismus sind solche Sitzungen eher schwach: Meist sind die falschen Leute anwesend; die Gesprächsführung ist nicht stringent; es mangelt an Führungskompetenz; Entscheidungen werden nicht getroffen; die spätere Umsetzung in die Praxis wird nicht nachgeprüft. Vielfach dienen solche Sitzungen lediglich dem Zweck, einen Stapel nutzloser Dias vorzuführen. Zuweilen geraten sie auch zu einem Forum, um den Mitarbeitern Fehlverhalten vorzuwerfen.

Sie sollten nach besseren Möglichkeiten suchen. Widmen Sie sich zunächst den erforderlichen Geschäftsprioritäten. Danach sollten Sie sich die Zeit nehmen, einen sozialen Betriebsmechanismus zu entwickeln (vielleicht eine Konferenz anberaumen oder zu einer 15-minütigen Sitzung einladen), um den Informationsaustausch in Gang und die richtigen Leute zum Reden zu bringen. Denken Sie an die charakteristischen Eigenschaften des sozialen Betriebsmechanismus bei Wal-Mart: simultan erfolgender Informationsfluss, informelle Gesprächsführung, Null-Filter, Häufigkeit, Grenzenlosigkeit.

Andere Unternehmen haben ähnliche Mechanismen entwickelt. So macht ein Geschäftsbereich bei GE regelmäßig Gebrauch von Konferenzschaltungen zur schnellen Vermittlung von Marktwissen („Quick Market Intelligence", QMI) – eine Technik, die dem sozialen Betriebsmechanismus von Wal-Mart nachgebildet ist. Der GE-Geschäftsbereich hatte den Wert einer simultan erfolgenden Kommunikation erkannt, aber aufgrund der geografischen Entfernung der zu diesem Bereich gehörenden Unternehmen konnten die Manager nicht so häufig persönlich an solchen Sitzungen teilnehmen. Die QMI-Technik führt sie nun über Video- und Telefonschaltungen zusammen. Mittlerweile findet mindestens alle 14 Tage eine Gesprächsrunde statt, an der rund 50 Leute aus aller Welt teilnehmen – aus Indien, Frankreich, Japan, Großbritannien, Australien, Chicago, New York.

Die Häufigkeit und der Rhythmus des Informationsaustauschs halten alle QMI-Teilnehmer, wo auch immer sie in der Hierarchie oder in der Welt angesiedelt sind, auf dem Laufenden: Sie erfahren, was weltweit mit Bezug auf Kunden, Konkurrenten und Technologie wichtig ist. Auf diese Weise können sie Preisveränderungen und Entwicklungstrends besser abschätzen. Und alle 50 Teilnehmer sind sich in der Einschätzung des Weltgeschehens einig. Entsprechend können sie im Voraus ihre Prioritäten für die nächsten drei Monate in gegenseitiger Abstimmung festlegen.

Der betroffene GE-Geschäftsbereich hat sogar bestimmte Richtlinien erarbeitet, um die Effektivität der QMI-Schaltungen zu erhöhen. So müssen Diskussionsfragen spezifisch und einfach genug sein, um binnen zweier Minuten beantwortet werden zu können; alle Teilnehmer sollen in entspannter Verfassung sein und zu Beiträgen ermutigt werden; die Sitzungen dürfen nicht lange dauern, damit die Leute nicht ihr Interesse verlieren; die Informationen müssen laufend verarbeitet und am Schluss der Sitzung zusammengefasst werden.

Die QMI-Initiative von GE führt zu guten Ergebnissen, weil sie den Mitarbeitern dazu verhilft, die für angemessene Abstimmungen und optimale Entscheidungen erforderlichen Informationen und Ideen unter einander auszutauschen. Die Leute können die Informationen gemeinschaftlich nutzen und gelangen zu einer gemeinsam getragenen Schlussfolgerung. Die meisten Konflikte treten auf diese Weise zutage und können spontan gelöst werden. Dies ist einer der Bausteine, die GE zur Erhöhung der Geschwindigkeit einsetzt.

Häufigkeit und Rhythmus solcher QMI-Konferenzen sichern einen sozialen Zusammenhalt, der den Mitarbeitern auch zwischenzeitlich eine mühelose Überschreitung der Unternehmensgrenzen ermöglicht. Beispielsweise hatte ein GE-Programmierer, der einige Führungsebenen unter dem Vice President für den Produktionsbereich angesiedelt war, keinerlei Hemmungen, den VP direkt – ohne bürokratischen Umweg über die formale Hierarchie – anzurufen. Die Kommunikation erfolgte ungehindert; hierarchische Abgrenzungen gehörten der Vergangenheit an.

Ein sozialer Betriebsmechanismus kann auch ganz einfach ein Brief oder ein Bericht seitens des CEO sein, der den Informationsfluss auslöst und zu neuen Verhaltensweisen auffordert. So war dem neuen CEO eines anderen Unternehmens bekannt, dass die Mitarbeiter im Prinzip durchaus fähig und einsatzbereit waren; dennoch hatte das Unternehmen keine Gewinne gemacht. Nacharbeit und hohe Kosten ruinierten das Geschäft. In seinen ersten 30 Tagen im neuen Job führte der CEO einen Gewinnbeteiligungsplan ein und sorgte persönlich dafür, dass jeder Mitarbeiter genau wusste, wie der Plan gemeint war. Des Weiteren begann er mit der Herausgabe wöchentlicher Berichte über die drei Problembereiche, die das meiste Geld verschluckten: Gesamtzahl der Belegschaft, Aufkommen an Nacharbeit und defekte Waren.

Die Organisation muss entscheidungsfähig sein

Ein altgedienter, seit 30 Jahren im Unternehmen tätiger Mitarbeiter war von diesen Berichten geradezu erschüttert. „Ich habe gar nicht gewusst", sagte er, „dass wir keine Gewinne machen. Ich könnte die Kosten halbieren, wenn Sie mich nur wirtschaften ließen." Der Mitarbeiter erläuterte seine Vorstellungen, die sich als durchaus sinnvoll erwiesen. Vier Monate später schrieb das Unternehmen wieder schwarze Zahlen. Die allwöchentlich erscheinenden Berichte verhalfen den Beschäftigten zu einer gemeinsamen Geschäftsperspektive und trugen dazu bei, dass sich Energie und Engagement der Mitarbeiter auf die Geschäftsprioritäten konzentrierten.

Die Entwicklung sozialer Betriebsmechanismen ist eine Führungsaufgabe – nicht die Aufgabe der Personalabteilung. Gehen Sie kreativ zu Werke und betrachten Sie die Aufgabe als Ihre persönliche Herausforderung.

— 8 —

Erfolg im Geschäftsalltag

Ein CEO mit Durchführungskompetenz

Durchführungskompetenz ist nur dann zu erzielen, wenn man die richtigen Leute im richtigen Job beschäftigt, ihren Arbeitseinsatz synchronisiert und ihre Energie und ihr Engagement auf die richtigen Geschäftsprioritäten abstimmt. Die Auswahl der richtigen Geschäftsprioritäten setzt gesunden Business-Verstand voraus. Und es bedarf profunder Menschenkenntnis und soliden unternehmerischen Wissens, wenn alle am selben Strang ziehen sollen.

Sie können Ihrer Abteilung, Ihrem Geschäftsbereich oder auch Ihrem Unternehmen zu einer solchen Durchführungskompetenz verhelfen, indem Sie Ihren Geschäftsverstand schärfen und Ihr Fähigkeit zur Beurteilung anderer Menschen verbessern. Diese Kombination führt Sie in der realen Geschäftswelt unweigerlich zum Erfolg. Dass sich Jack Welch meisterhaft auf solche Fähigkeiten versteht, ist ganz offensichtlich, aber auch wenn Sie das Vorgehen anderer erfolgreicher CEOs hinterfragen, entdecken Sie ein gemeinsames Verhaltensmuster. CEOs, die gute Leistungen erbringen, beherrschen sowohl die geschäftliche als auch die zwischenmenschliche Seite der Business-Medaille. Nur wenn der CEO diese doppelseitige Führungskompetenz einzubringen weiß, kann das Unternehmen auf Dauer erfolgreich sein.

Schauen wir uns dazu den folgenden Fall an. Im Januar 1999 wurde Dick Brown CEO von EDS, dem Riesenkonzern für informationstechnologische Dienstleistungen. EDS war das geistige Kind von Ross Perot, der die Outsourcing-Branche für informationstechnologische Serviceleistungen gegründet hatte. Das Unternehmen wurde 1984 von General Motors akquiriert und 1996 wieder ausgegliedert. Nach dem Spin-off konnte EDS seinen Gewinnverpflichtungen einige Quartale lang nicht nachkommen. Ende der 90er-Jahre befand sich das Unternehmen in einer Krise, sodass der Verwaltungsrat unter enormen Druck geriet und eine Wende herbeiführen musste. In dieser Situation wurde Dick Brown, seinerzeit CEO von Cable & Wireless, als EDS-Lenker gewonnen.

Noch bevor Dick Brown auf der Bildfläche erschien, begann er, sich in die komplexen Zusammenhänge des Geschäfts einzuarbeiten. Die Branche für informationstechnologische Serviceleistungen als solche ist schwierig genug; erschwerend kam hinzu, dass es sich um ein riesiges und global agierendes 17-Milliarden-US-Dollar-Unternehmen mit 125 000 Beschäftigten in 46 Ländern handelte. Zugleich sah sich EDS mit grundlegenden Umwälzungen technologischer Art konfrontiert: Das Unternehmen versuchte, mit den neuen Business-Möglichkeiten, die durch die explosionsartige Ausbrei-

Erfolg im Geschäftsalltag

tung der Internettechnologie entstanden waren, Schritt zu halten. Brown studierte das umfangreiche Datenmaterial, das ihm der Verwaltungsrat geschickt hatte – aktuelle Berichte und Abschlüsse aus früheren Jahren, Daten über die Konkurrenz, Marktanalysen, Prognosen sowie Auflistungen erfolgreicher und nicht erfolgreicher Vertragsabschlüsse. Unmittelbar nachdem er sein Amt als CEO angetreten hatte, suchte er die Führungskräfte im gesamten Unternehmen der Reihe nach auf.

Dick Brown ist ein Unternehmenslenker, der wie ein Straßenverkäufer denkt. Mit seinem gesunden Business-Verstand schaffte er es innerhalb von 60 Tagen, die Komplexität des Geschäfts auf die mittlerweile vertraute Liste der sechs Kernelemente zu reduzieren: Cash, Gewinnmarge, Umschlaggeschwindigkeit, Rendite, Wachstum und Kunden. (Bei EDS spricht man von Klienten.)

Und das war die Situation, die er vorfand: Obgleich EDS eine großartige Historie aufwies, hatte das Unternehmen seine Führungsposition in den letzten Jahren an IBM verloren. Während die Branche ein Wachstum von 15 Prozent jährlich zu verzeichnen hatte, stiegen die Einkünfte von EDS nur in der Größenordnung von 9 bis 10 Prozent – langsamer als der Markt. Die Gewinnspannen waren seit Jahren rückläufig, desgleichen die Renditen. Das Unternehmen hatte seine Versprechungen gegenüber Wall Street nicht einhalten können – die Aktienkurse waren in einer Zeit, zu der beim S&P 500 ein Anstieg zu beobachten war, auf die Hälfte abgesackt.

Vor dem Hintergrund dieser Geschäftsdiagnose gelangte Brown zu der Schlussfolgerung, man müsse Mittel und Wege finden, um die Erwirtschaftung von Gewinnen zu verbessern. Die Cash-Situation von EDS stimmte. Problematisch waren das Ertragswachstum und die Gewinnspannen. Der schwache EDS-Aktienkurs und das mit 17 anzusetzende Kurs-Gewinn-Verhältnis waren ein Hinweis darauf, dass die Investoren das Unternehmen nicht auf Wachstumskurs wähnten.

Eine gezielte Ermittlung der Problembereiche trieb die Suche nach den richtigen Business-Prioritäten voran. Gruppendiskussionen förderten einige wichtige Erkenntnisse zutage: 20 Prozent der Außendienstmitarbeiter hatten in den letzten neun bis zwölf Monaten überhaupt keine neuen Geschäftsabschlüsse erzielt und viele Kollegen hatten den Betrieb frustriert verlassen. Außerdem waren die Anreize so angelegt, dass große, langfristige Verträge gefördert wurden, die nicht unbedingt gewinnträchtig sein mussten. In den Geschäftsbereichen waren Ressourcen doppelt vorhanden, während die zentrale Technologieeinheit nicht richtig genutzt wurde.

Diese Erkenntnisse veranlassten Dick Brown zur Festlegung der folgenden Geschäftsprioritäten:

- Ertragssteigerung unter Inanspruchnahme unternehmensexterner Quellen mit einer Wachstumsrate, die dem Marktwachstum entsprach oder noch darüber lag;
- Verbesserung des Serviceniveaus für die Klienten;
- Reduzierung der Kosten um 1 Milliarde US-Dollar und damit Verbesserung der Gewinnspanne;
- Erzielung zweistelliger Gewinnspannen bis Ende 2000.

Erfolg im Geschäftsalltag

Sie haben völlig Recht, wenn Sie die Aufstellung einer solch klaren, einfachen Liste als großartige Leistung ansehen. Nicht jeder Geschäftsführer verfügt über hinreichend Business-Verstand, um dies zu bewerkstelligen. Aber Sie sollten auch nicht verkennen, dass die Liste nur der eine Teil der Gewinnrezeptur ist: Dick Brown musste nunmehr dafür sorgen, dass seine Leute engagiert mitmachten und auf Kurs blieben. Die ganze Zeit hatte er sich gefragt, ob wohl die richtigen Leute am richtigen Arbeitsplatz beschäftigt waren. Einige der „ererbten" und ihm unmittelbar unterstellten Mitarbeiter erwiesen sich als ihren Aufgaben durchaus gewachsen. Man hatte ihnen zuvor nur keine klaren Prioritäten vorgegeben. Anderen, so stellte sich heraus, mangelte es entweder an der erforderlichen Qualifikation oder an der richtigen mentalen Einstellung. Brown brachte den Mut auf, das Problem solcher Fehlbesetzungen anzugehen. Er zögerte nicht lange, sondern schritt zur Tat.

Als Nächstes begann Brown mit der Entwicklung eines sozialen Betriebsmechanismus, mit dem die Erzielung der Geschäftsprioritäten gewährleistet werden sollte. Insbesondere führte er einen monatlichen „Performance Call" ein – eine Konferenzschaltung, die rund hundert EDS-Spitzenführungskräfte aus aller Welt zusammenführt. Dick Brown leitet die Sitzungen persönlich, mit Unterstützung des Chief Finance Officer (CFO) sowie des Vorsitzenden und Chief Operating Officer (COO). Bei einer solchen Sitzung werden die monatlichen und die im laufenden Geschäftsjahr erzielten Ergebnisse diskutiert. Schon die Thematik als solche unterscheidet sich deutlich von den Fragestellungen, mit denen sich diese Leute in der Vergangenheit beschäftigt hatten.

Zu Beginn hatten die meisten Teilnehmer überhaupt keine Vorstellung davon, wie wichtig gerade die Geschäftselemente Ertragswachstum, Gewinnspanne und Marktanteil sind. Brown nutzt die Konferenzschaltung, um ihre Bedeutung noch hervorzuheben. So eröffnet er jede Sitzung mit einem kurzen Bericht, in dem er besonders wichtige Ereignisse im aktuellen Monat oder auch im laufenden Geschäftsjahr zusammenfasst. Dann berichtet der CFO über das Gewinnergebnis für den aktuellen Monat beziehungsweise das laufende Geschäftsjahr und stellt es den Zielvorgaben gegenüber. Als Nächstes überprüft der Vorsitzende und COO die Verkaufszahlen. Die offene und häufige gemeinschaftliche Erörterung der Ergebnisse festigt die Verantwortungsbereitschaft der Mitarbeiter. So wird unmittelbar deutlich, wer gute Leistungen erbringt und wer Unterstützung braucht. In der darauf folgenden Phase kommen Fragen und Antworten zur Sprache – Brown ist tonangebend insofern, als er für eine offene, präzise und konstruktive Gesprächsführung sorgt. Sind irgendwelche Leistungen signifikant unzureichend, spricht er die betroffenen Führungskräfte nach der Sitzung noch einmal an.

Zuhören, Lernen und Coachen in geschäftlichen Belangen erfolgt im Rahmen des sozialen Betriebsmechanismus. Zugleich werden die gemeinsamen Ziele gefestigt und Entscheidungen herbeigeführt.

In anderen Bereichen der Organisation wurden ebenfalls soziale Betriebsmechanismen entwickelt: Sie helfen der Geschäftsführung, Möglichkeiten zur Erzie-

Erfolg im Geschäftsalltag

lung der Geschäftsprioritäten zu ermitteln. Beispielsweise führt ein „Senior Leadership Meeting" die rund 130 Spitzenführungskräfte dreimal im Jahr an einem Ort zusammen. Ziel dieser „Führungsrunde" ist, über das Unternehmen als Ganzes zu diskutieren, Teamarbeit zu praktizieren und durch offene, konstruktive Gespräche die Bedeutung einer neuen, gemeinschaftlich zu pflegenden Arbeitsweise und Zielorientierung hervorzuheben.

Ein dritter Mechanismus sind die E-Mails, die Dick Brown alle zwei Wochen an jeden einzelnen EDS-Mitarbeiter verschickt: Auf dem Briefkopf steht: „To the EDS Worldwide Team" – „An das EDS-Team in aller Welt". Die E-Mails sind in einem direkten, informellen Stil abgefasst und dienen dem Zweck, besondere Leistungen anzuerkennen und zu erörtern, wo das Unternehmen in Bezug auf die Geschäftsprioritäten steht. In einer dieser E-Mails schrieb Brown: „Ich möchte immer wieder hervorheben, dass wir ein Wachstumsunternehmen sind. Sie alle, die Sie auf dem Markt tätig sind – *halten Sie unsere EDS-Wachstumsmotoren auf Touren!* Und unser Wachstum muss ‚profitabel' sein – ein Wachstum mit den Gewinnspannen, die wir brauchen, um unsere Investoren zufrieden zu stellen und unseren Klienten gerecht zu werden."

Nachdem erst einmal die richtigen Perspektiven von allen Mitarbeitern erkannt und mit den anstehenden EDS-Problemen in Zusammenhang gebracht worden waren, traten auch die Lösungsmöglichkeiten offensichtlicher zutage. Produktivität beispielsweise bedeutete, dass man redundante Geschäftsfunktionen beseitigen musste. EDS musste vermutlich so umstrukturiert

Praktische Umsetzung im Geschäftsalltag

werden, dass die Unternehmensressourcen effektiver eingesetzt werden konnten. Umsatzsteigerung bedeutete, dass der Dienst am Kunden verbessert werden musste. Wie ließ sich die Kundenzufriedenheit im Rahmen einer Umstrukturierung verbessern? Die Antwort lautete: Die rund 40 Geschäftseinheiten wurden durch vier Geschäftsbereiche abgelöst, die ihrerseits um größere Marktsektoren gruppiert wurden. Die 14-tägig verschickten E-Mails veranlassten viele Empfänger, weitere kostensparende Ideenvorschläge zu machen – von der Abschaffung der unternehmenseigenen Flugzeuge bis hin zur Streichung von Reisen erster Klasse.

Ende 1999 hatte EDS tatsächlich Kosteneinsparungen in Höhe von 1 Milliarde US-Dollar erzielt. Das Unternehmen war dabei, seine Betriebe zu straffen und sich verstärkt um Kundenorientierung zu bemühen. Leistungsschwache Mitarbeiter waren aus dem Außendienst entfernt und neue Leute mit nachweislich guten Fähigkeiten eingestellt worden. Das Unternehmen konzentrierte sich wieder darauf, fähige Leute zu gewinnen und zu halten; man war gezielt um Wachstum, Kundenzufriedenheit und Verantwortungsbewusstsein bemüht. Seither hat sich EDS zunehmend erholt.

Es geht hier nicht darum, einem bestimmten Geschäftsführer ein Loblied zu singen. Was Dick Brown bei EDS fertig gebracht hat, haben auch andere CEOs in anderen Unternehmen geleistet. Aber keiner dieser Erfolge wäre ohne gesunden Business-Verstand einerseits und Führungskompetenz im Hinblick auf Leute und Organisation andererseits möglich gewesen. Ihr Business-Verstand verhilft Ihnen zu geschäftlicher Orientierung und Klarheit. Aber wenn Sie nicht gerade ein Einmannbetrieb sind, müssen Sie auch lernen, Geschäftsprioritäten und Mitarbeiter aufeinander abzustimmen.

Sie brauchen nicht einmal CEO zu sein, um Ihre Führungskompetenz in betrieblicher und menschlicher Hinsicht zu schulen. Angenommen, Sie sind Leiter des Produktionsbereichs. Der gedankliche Prozess ist derselbe. Ermitteln Sie die Grundelemente des Produktbereichs und überlegen Sie, warum sie sich so und nicht anders entwickelt haben und wie Sie eine Verbesserung erzielen können. Sobald Sie wissen, was zu tun ist, denken Sie über die Mitarbeiter in Ihrem Arbeitsumfeld nach. Verfügen sie über die erforderlichen Fähigkeiten und Talente? Inwieweit könnten Sie eine Coaching-Funktion übernehmen? Wie müssten die sozialen Betriebsmechanismen beschaffen sein, um den Informationsfluss und die Entscheidungsfindung zu beschleunigen?

Teil IV

Ihre persönliche Agenda

— 9 —

Ihre Rolle auf der Business-Bühne

Lassen Sie den unternehmerischen Elan des Limoverkäufers aufleben!

Inzwischen sollten Sie die Business-Universalsprache beherrschen. Es ist völlig unwichtig, auf welcher Führungsebene in der Organisation Sie sich befinden: Sie sollten das Gesamtgeschäft Ihres Unternehmens in jedem Fall so sehen, wie der Ladenbesitzer sein Geschäft sieht, und Sie sollten gegen die inhärente Komplexität ankämpfen! Auch sollten Sie ein Gespür dafür haben, wie der Aktienmarkt den Geschäftserfolg Ihres Unternehmens einschätzt.

Vermutlich lesen Sie dieses Buch, weil Sie eine Führungsposition anstreben. Wie können Sie als Führungskraft Ihren gesunden Business-Verstand nutzen, um das Geschäft zu verbessern und dabei Cash, Renditen, Wachstum und Kunden im Auge zu behalten? Wie können Sie gute Ergebnisse erzielen, indem Sie die intellektuelle Energie eines jeden Mitarbeiters gewinnbringend nutzen?

Ihre persönliche Agenda

Sie müssen Ihre eigenen Prioritäten mit dem Gesamtbild in Einklang bringen. Sollten Sie beispielsweise im Personalwesen tätig sein, können Sie Ihre Leute darin unterstützen, aus der Enge ihres Silodenkens auszubrechen und sich mit Kollegen aus ganz anderen Unternehmensbereichen zusammenzutun, um sicherzustellen, dass die Jobs im Unternehmen mit den richtigen Leuten besetzt sind. Eine Fehlbesetzung kann immensen Schaden für Cash-Erwirtschaftung, Gewinnmarge, Umschlaggeschwindigkeit, Rendite und Wachstum bedeuten.

Wenn Sie in der Informationstechnologie arbeiten, könnten Sie Verbindungen zu Kunden und Lieferanten herstellen, um Ihrem Unternehmen eine mühelosere Kooperation zu ermöglichen. Ein Jurist in der Rechtsabteilung kann seinen Beitrag leisten, indem er sich im Hinblick auf Veränderungen in der Gesetzgebung weltweit auf dem Laufenden hält und auf neue Möglichkeiten achtet, die sich daraus ergeben könnten. Und wer im Finanzbereich beschäftigt ist, kann mit der Bereitstellung genauer und rechtzeitiger Informationen zu allen möglichen Entscheidungen beitragen – ob es nun um Kapazitätserweiterung geht oder um eine verbesserte Preisbildung zur Erzielung höherer Gewinnspannen. Darüber hinaus kann der Finanzbereich auch als Partner bei der Analyse besonders viel versprechender Wachstumsmöglichkeiten agieren.

Allerdings hoffe ich, dass Sie sich haben überzeugen lassen: Mit professionellen Qualifikationen allein ist es nicht getan. Nur indem Sie sich die Denkweise des Straßenverkäufers aneignen, entwickeln Sie sich zu einem Geschäftsmann. Ihre Perspektive erweitert sich – von funktionaler oder abteilungsbezogener Enge zur ganzheitlichen Unternehmenssicht. Und je weitsichtiger Sie werden, desto kreativer fließen Ihre Gedanken und Vorstellungen. Sie fühlen sich ermutigt, Fragen in alle möglichen Sitzungen zu stellen, ohne sich durch hierarchisch bedingte Hemmungen oder anderweitige Empfindlichkeiten hindern zu lassen. Übernehmen Sie die Führung in Ihrer Gruppe – stellen Sie Ihre Diskussionen in den Kontext der universellen Gesetze des Geschäftserfolgs.

Vielleicht gelingt Ihnen sogar ein Durchbruch mit dem Vorschlag einer kreativen neuen Idee, die sich auf das gesamte Unternehmen auswirkt. Bei Ford werden beispielsweise E-Commerce-Tools genutzt, um den Marktzugang zwecks Beschaffung von Materialien und Serviceleistungen zu verbessern. Ford kann innerhalb von ein bis zwei Stunden Lieferantenangebote einholen und das Ausschreibungsverfahren beenden. Dabei werden durchschnittlich 20 bis 30 Prozent der Kosten eingespart.

Oder Sie leisten einen Beitrag, indem sie ein Problem einfach neu darstellen und dabei die zugrunde liegenden Annahmen zutage fördern und hinterfragen. Was es bedeutet, ein Problem neu darzustellen? Nehmen wir einmal an, Sie arbeiten für ein Unternehmen aus der Branche der Unterhaltungselektronik und irgendjemand verlangt, Sie müssten die Kosten bei einem bestimmten Produkt reduzieren. Als umsichtiger Geschäftsmann fragen Sie, welche Kundenbedürfnisse denn nicht erfüllt würden. Wenn Sie diese Kundenbedürfnisse erfüllen könnten – würde das zur Wertschöpfung beitragen und die Nachfrage nach dem Produkt steigern? Und wenn das der Fall wäre – welche Konsequenzen hätte das für die Nutzung der Fertigungskapazität? Gibt es Produktmerkmale, an denen die Kunden nicht sonderlich interessiert sind und die kostensparend weggelassen werden können? Mit anderen Worten: Erweitern Sie den Bereich der Optionen zur Erfüllung der wirtschaftlichen Erfolgskriterien.

Einschätzung des Gesamtunternehmens

Jedes Unternehmen ist mit Herausforderungen der einen oder anderen Art konfrontiert. Als Erstes sollten Sie sicherstellen, dass Sie die Herausforderungen, mit denen Ihr Unternehmen zu kämpfen hat, genau verstehen:

- Wie hoch war der Umsatz Ihres Unternehmens im letzten Jahr?
- Ist Ihr Umsatz steigend, rückläufig oder gleich bleibend? Wie schätzen Sie dieses Wachstumsbild ein?
- Welche Gewinnmarge erwirtschaftet Ihr Unternehmen? Ist sie steigend, rückläufig oder gleich bleibend?
- Wie schneidet Ihre Gewinnmarge im Vergleich zur Konkurrenz ab? Wie ist sie im Vergleich zu anderen Branchen einzuschätzen?
- Kennen Sie die Umschlaggeschwindigkeit Ihres Unternehmens im Hinblick auf Lagerhaltung und Gesamtkapital?

- Welche Rendite erzielt Ihr Unternehmen? Wenn Sie die Gewinnmarge und die Kapital-Umschlaggeschwindigkeit kennen, errechnen Sie die Rendite wie folgt: Rendite = Gewinnmarge x Umschlaggeschwindigkeit.
- Entwickelt sich die Cash-Erzeugung in Ihrem Unternehmen positiv oder negativ? Wie ist diese Entwicklung zu begründen?
- Steht Ihr Unternehmen besser oder schlechter da als die Konkurrenz?

Konzentrieren Sie sich immer wieder auf die Kernelemente Ihres Unternehmens. Lassen Sie sich durch hierarchische Strukturen und Silodenken nicht von den wesentlichen Business-Prioritäten abbringen. Treten Sie einen Schritt zurück, um sich einen Gesamteindruck von Ihrem Unternehmen zu verschaffen. Entspricht Ihr Gesamteindruck der Sichtweise, die Sie von Ihrer Geschäftsführung vermittelt bekommen? Sollten Sie die eine oder andere Frage stellen oder Anregungen geben? Könnten Sie die Relevanz Ihrer Einschätzung bei Kollegen und Mitarbeitern hinterfragen?

Reduzierung von Komplexität

Stellen Sie nun Überlegungen zu dem breiteren Kontext an, in dem Ihr Unternehmen tätig ist. Wie ist es um die externen Realitäten im Zusammenhang mit den Geschäftstätigkeiten Ihres Unternehmens bestellt? Listen Sie alles auf, was einen Einfluss auf den Geschäftserfolg Ihres Unternehmens haben könnte:

Ihre persönliche Agenda

- Besteht Überschusskapazität in Ihrer Branche?
- Erfolgt derzeit eine Konsolidierung Ihrer Branche?
- Haben Sie gegen eine ungünstige Preisentwicklung bei der Konkurrenz zu kämpfen?
- Könnten sich Wechselkursschwankungen oder Zinsfluktuationen in der einen oder anderen Weise auf Ihr Geschäft auswirken?
- Müssen Sie mit neuen Konkurrenten rechnen?
- Welche Entwicklungen beobachten Sie im E-Commerce? Inwieweit könnten derartige Entwicklungen Ihr Unternehmen betreffen?

Vermutlich wird Ihre Auflistung solcher extern orientierten Überlegungen recht lang und komplex sein. Bevor Sie weiterlesen, sollten Sie die Ihrer Ansicht nach wirklich signifikanten Faktoren herausgreifen. Gibt es irgendwelche Trends? Machen Sie sich die Aufgabe nicht zu leicht. Es bedarf schon einiger Übung, um Komplexität zu reduzieren. Möglicherweise verfügen Sie auch nicht über alle erforderlichen Informationen, sodass Sie erst noch nachfragen müssen.

Nehmen Sie sich an dieser Stelle die Zeit, einige Ihrer Ansicht nach wichtige Strukturmuster oder Trends zu ermitteln und schriftlich festzuhalten:

1. _____

   _____

2. _____

   _____

Schwerpunktbildung

Bei Ihren Bemühungen um Vereinfachung komplexer Zusammenhänge erhalten Sie eine klare Vorstellung von den Verhältnissen in der realen Welt. Bestimmen Sie nun drei bis vier Business-Prioritäten für Ihre Gruppe, Abteilung oder Geschäftseinheit. Wie lassen sich diese Prioritäten so kombinieren, dass Sie mehr Geld in die Kassen bekommen?

Vielleicht wären Sie intellektuell durchaus in der Lage, komplexe Zusammenhänge zu vereinfachen, sind aber noch unschlüssig oder befürchten, nicht auf dem richtigen Kurs zu liegen. Können Sie abwarten, bis alle Fakten auf dem Tisch liegen und sich das Gesamtbild deutlicher abzeichnet? Der Haken ist nur: Sie treffen eine Wahl, auch wenn Sie keine Wahl treffen! Wenn Sie sich nämlich nicht für Veränderungen entscheiden, entscheiden Sie sich für den Status quo!

Bringen Sie den Mut auf, sich mit Überzeugung für eine Schwerpunktbildung in Ihrem Bereich einzusetzen. Sie müssen entscheiden, was Ihre Abteilung, Sparte oder Geschäftseinheit tun beziehungsweise lassen muss. Sie müssen die Business-Prioritäten bestimmen – und diese Prioritäten müssen konsistent sein und mit den Unternehmenszielen harmonieren. Sie dürfen nicht zu viele Prioritäten haben, Sie dürfen sie nicht ständig verändern und Sie müssen sie eindeutig und nachhaltig kommunizieren. Wenn Sie gesunden Business-Verstand besitzen (und selbigen natürlich laufend verbessern), werden Sie erkennen, warum sich gerade diese Kombination von Business-Prioritäten in barer Münze bezahlt macht.

Ihre persönliche Agenda

Versteigen Sie sich nicht zu grandiosen Visionen, was Sie alles leisten wollen. Bleiben Sie mit Ihren Zielen auf dem Boden der Realität. Sie müssen die von Ihnen vorgesehenen erforderlichen Maßnahmen in klaren und einfachen Worten erläutern können und verständlich machen, in welcher Weise sie zur Erwirtschaftung von Gewinnen beitragen.

Setzen Sie Ihren gesunden Menschenverstand ein. Ihren Business-Verstand. Sie werden überrascht sein, wie viele gute Ideen Ihnen kommen. Schreiben Sie Ihre Business-Prioritäten gleich auf:

1. _____

   _____

2. _____

   _____

3. _____

   _____

4. _____

   _____

Verhelfen Sie Ihren Leuten zur Verbesserung ihrer Fähigkeiten und koordinieren Sie ihren Arbeitseinsatz

Denken Sie nun an die Ihnen unterstellten Mitarbeiter und andere Leute, mit denen Sie in Ihrem Geschäftsalltag zu tun haben. Sie brauchen keine Spitzenführungskraft zu sein, um die Talente anderer Leute zu fördern und mit den Jobanforderungen in Einklang zu bringen oder auch soziale Betriebsmechanismen zu entwickeln, die eine bessere Zusammenarbeit unter verschiedenen Gruppen gewährleisten. Suchen Sie nach Mitteln und Wegen zur gemeinschaftlichen Nutzung ungefilterter Informationen und fördern Sie Konflikte zutage.

Überlegen Sie, ob die Ihnen unterstellten Mitarbeiter am richtigen Arbeitsplatz eingesetzt sind:

- Welche zwei bis drei unabdingbaren Jobanforderungen sind derzeit und in den nächsten zwei Jahren zu berücksichtigen?
- Welche zwei bis drei Aspekte würden Sie bei Ihren Mitarbeitern jeweils als natürliche Talente und Motivationen ansehen?
- Hat der Mitarbeiter eine Schwachstelle, die eine persönliche Weiterentwicklung behindern könnte?
- Wie können Sie den betreffenden Mitarbeiter beraten?

Konzentrieren Sie sich nun auf eine Arbeitsgruppe, ein Team oder die Organisation insgesamt und fragen Sie sich:

- Erfolgt ein offener und ungefilterter Ideen- und Informationsaustausch?
- Wie schnell werden Entscheidungen getroffen?
- Wie ist es um die Qualität der Entscheidungen bestellt?
- Treffen die Entscheidungen zu oder müssen sie häufig revidiert und überarbeitet werden?
- Halten Ihre Leute die Sitzungen für konstruktiv und Energie aufbauend oder für destruktiv und Energie verzehrend?

Entwickeln Sie Führungsprofil

Zum einen müssen Sie sich die Fähigkeiten eines Geschäftsführers aneignen. Bestimmen Sie mit der Kompetenz und Dringlichkeit eines Straßenverkäufers die drei bis vier Prioritäten, die für Sie und die Ihnen unterstellten Mitarbeiter richtungweisend sein sollen. Versuchen Sie nicht, mit Problemen hinter dem Berg zu halten, aber ändern Sie auch nicht ständig Ihre Ansichten – stellen Sie sich der Herausforderung. Erinnern Sie Ihre Leute immer wieder an Ihre Prioritäten.

Zum anderen müssen Sie Führungskompetenz im Umgang mit Ihren Mitarbeitern entwickeln. Kombinieren Sie die Fähigkeiten eines Straßenverkäufers mit der Fähigkeit, eine Organisation für die praktische Umsetzung Ihrer Business-Prioritäten aufzubauen. Finden Sie

Ihre Rolle auf der Business-Bühne

die richtigen Leute für den richtigen Job und übernehmen Sie persönlich Verantwortung dafür, dass diese Leute ihre ganze Energie einbringen und ihre Fähigkeiten entfalten. Sollte die Befähigung beziehungsweise die Denkweise eines Mitarbeiters die Umsetzung Ihrer Geschäftsprioritäten behindern, müssen Sie das Problem ansprechen. Vergessen Sie auch nicht, dass Sie anderen dabei helfen müssen, ihrerseits Geschäftsverstand zu entwickeln.

Synchronisieren Sie die Organisation. Bringen Sie den Arbeitseinsatz Ihrer Leute mit den Business-Prioritäten in Einklang. Ermitteln Sie Mechanismen, die den Informationsfluss steigern und die Aktivitäten Ihrer Mitarbeiter koordinieren. Sorgen Sie für effektivere Entscheidungsfindung in Ihrer Gruppe. Bauen Sie das Team auf.

Fangen Sie von Grund auf an. Kehren Sie zu Ihren frühesten Geschäftserfahrungen zurück – als Sie genau wussten, worauf es beim Zeitungaustragen oder beim Verkauf von Limonade (oder bei welcher Geld bringenden Tätigkeit auch immer) ankam. Schärfen Sie Ihren gesunden Business-Verstand, indem Sie sich an komplexere Situationen wagen. Fürchten Sie sich nicht davor, Fehler zu machen – lernen Sie daraus. Treffen Sie Ihre Urteile aus Ihrem gesunden Business-Verstand heraus und lassen Sie andere an Ihren Erfahrungen teilhaben.

Es wäre schade, wenn die Lektüre dieses Buches eine intellektuelle Übung bliebe. Vielmehr sollten Sie, bevor Sie das Buch zuklappen, einige konkrete Überlegungen anstellen. Insbesondere müssen Sie sich die unvermeidliche Frage stellen: Was will ich tun, um meinem Unternehmen in den nächsten 60 bis 90 Tagen zur Erwirtschaftung von Gewinnen zu verhelfen? Machen Sie sich startbereit: Auf geht's!

Lob für

„Was Tante Emma und Rockefeller gemeinsam haben"

„Was Tante Emma und Rockefeller gemeinsam haben ist ein Buch, das jeder gelesen haben sollte – vom blutigen Anfänger bis zum erfahrensten Manager. Es kostet Sie nur ein paar Stunden, aber ich glaube, Sie können enormen Gewinn daraus ziehen. Es ist ein kleines Buch mit großem Anspruch, dessen Nutzen für Ihre Karriere und die Zukunft Ihres Unternehmens gar nicht hoch genug eingeschätzt werden kann."

Jac Nasser, CEO und President,
Ford Motor Company

„Mit den universellen Gesetzen des Geschäftserfolgs, wie sie in diesem Buch stehen, habe ich schon in meiner Jugend Bekanntschaft gemacht – als Mitarbeiter im Schuhgeschäft meines Vaters. Als ich später bei GE und AlliedSignal in den unterschiedlichsten Geschäftsbereichen in 16 verschiedenen Branchen verantwortlich tätig war, habe ich häufig die hier behandelten Grundsätze angewendet. Sie helfen, Komplexes einfach zu machen,

und sind ein ausgezeichneter Leitfaden für den Geschäftsalltag. Was Tante Emma und Rockefeller gemeinsam haben *ist wahrhaft ein Meisterwerk."*

Larry Bossidy, vormals Chairman und CEO,
AlliedSignal

"Dies ist ein Buch, auf das man seit Jahren gewartet hat. Ram Charan enthüllt Ihnen das Geheimnis, wie Sie in der Geschäftswelt Ihren Weg finden und Ihre Karriere erfolgreicher gestalten können. Lesen Sie dieses Buch am Wochenende oder auf Ihrem nächsten Flug und Sie werden Ihr Unternehmen und Ihre Arbeit plötzlich in einem ganz neuen Licht sehen."

Chad Holliday, vormals Chairman und CEO,
DuPont

"Lesen Sie dieses Buch und es fällt Ihnen wie Schuppen von den Augen – plötzlich sehen Sie das, worauf es im Geschäftsalltag wirklich ankommt, kristallklar. Was Tante Emma und Rockefeller gemeinsam haben *ist flüssig zu lesen und vermittelt Einsichten, die wahrhaft beflügeln."*

Dave Robino, Vice Chairman,
Gateway Computer

Lob für „Was Tante Emma und Rockefeller gemeinsam haben"

„Außerdem zeigt das Buch, was Business wirklich bedeutet. Es gibt exakt die unternehmerische Denkweise wieder, die wir in unserem Unternehmen zu kultivieren versuchen. Es ist eine großartige Einladung an jeden Manager gleich welcher Ebene, sein Gespür für die wesentlichen Dinge in einem Unternehmen weiterzuentwickeln."

Bob Nardelli, President und CEO,
The Home Depot

„Gesunder Business-Verstand – Ram Charans Bezeichnung für die Fähigkeit, die universellen Gesetze des Geschäftserfolgs anzuwenden – ist das, worauf es heutzutage ankommt. Der Autor nimmt sich einiger komplexer, Furcht einflößender Begriffe und Fachausdrücke an, macht sie verständlich und entwickelt ein paar fundamentale Konzepte, die sich jederzeit und überall auf die verschiedensten Geschäftssituationen anwenden lassen."

Lois D. Juliber, COO,
Colgate-Palmolive

Über den Autor

Seit mehr als dreißig Jahren ist **Ram Charan** Coach und Berater einiger der weltbesten Unternehmensführer. Seine Themen sind vielseitig und reichen von der Konzipierung von Unternehmensstrategien bis hin zur Aus- und Weiterbildung von Führungskräften. Von den Topmanagern vieler Fortune-500-Unternehmen wird er wegen seiner sehr praxisorientierten und wirklichkeitsnahen Beratung geschätzt. Auch als Lehrer ist er ein viel gefragter Mann. Er hat für Tausende von Führungskräften auf der ganzen Welt Lehrveranstaltungen abgehalten – er war dreißig Jahre lang Dozent am Crotonville Institute von General Electric und hat M.B.A.-, Doktoranden- und Führungskräfteseminare an so berühmten Hochschulen wie Harvard Business School, Kellogg School der Northwestern University, Columbia und Wharton durchgeführt. Er wurde von GE, der Kellogg School und vom Life Insurance Institute in Wharton für seine hervorragende Lehrtätigkeit ausgezeichnet und in *Business Week* unter die zehn besten Experten für firmeninterne Weiterbildung von Führungskräften gezählt. Er ist Autor von *Boards at Work* (auf der Liste von Heidrick and Struggles unter den Top Ten) und *Action, Urgency, and Excellence*. Er ist Koautor zahlreicher Bücher, darunter *Every Business Is a Growth Business* [deutsche Übers.: *Gesundes Wachstum für mehr Gewinn*] und *E-Board Strategies*. Seine Artikel sind in einer Vielzahl von Publikationen erschienen, darunter in *Harvard Business Review, Fortune, Financial Times, USA Today* und *Director's Monthly*. Er besitzt die akademischen Grade D.B.A. und M.B.A. (Baker Scholar, mit besonderer Auszeichnung) der Harvard Business School, gehört dem Verwaltungsrat von Austin Industries an und ist Mitglied der National Academy of Human Resources. Er wohnt in Dallas, Texas.

Stichwortverzeichnis

6-Sigma-Ansatz 111

A
Akquisition(en) 89, 92, 104f., 127
AlliedSignal 19, 105
Amazon.com 38
AMP, Inc. 105
Anheuser-Busch 37
Apple 83, 84
Armstrong, Michael 50
Automobile Protection Corporation 61
Automobilindustrie 28, 44

B
Betriebsmechanismen, soziale 143f.161, 173
BMW 123
Bonsignore, Michael 104
Bossidy, Larry 19
Brown 19, 154f.

Business-Prioritäten 110, 117, 140, 156, 169, 171, 172, 174
Business-Universale-Sprache 165
Business-Verstand 21f., 31, 67, 82f., 87, 88, 90, 101, 107, 109, 110, 113, 117, 119, 139, 153, 155, 157, 160, 172
- gesunden 91, 92, 165, 171

C
Cable & Wireless 154
CalPERS 103
Cash 86, 90, 109, 112, 155, 156
-Erweiterung 89, 96, 97, 109, 166, 169
-Generierung 25, 33, 58, 74
Chrysler 34
Chuck Conaway 62, 87
Cisco 55
Citigroup 19

Cleghorn, John 19
Coaching 129f., 161
Coca-Cola 97
Coke 102
Compaq 54, 74, 76
Computer Associates 103

D
Dell 74, 76
Dell Computer 18, 23, 39, 50, 54, 88
Dell, Michael 18, 23, 50
Digital Equipment Corporation 53
Dodge 69
Dotcom-Unternehmen 100, 101
Durchführungskompetenz 118, 118, 119, 122, 125, 142, 143, 144, 145, 153f.

E
E-Commerce 86, 86, 131, 167, 170
EDS 19, 154, 155, 156, 159, 160
Entscheidungsfindung 144, 175
Ertragswachstum 97

F
Familienbetrieb 19, 21, 29
Fidelity 103
Ford 21, 28, 39, 60, 63, 68, 82, 85, 86, 90, 99, 110f, 122, 167
Ford Automotive Operations 71f
Ford Credit 82
Ford, Henry 68
Führungskompetenz 160, 174
Führungspersönlichkeit 118
Führungsprofil 174f
Fusion(en) 89, 92, 93, 104, 105

G
Gateway Computer 71f
GE 39, 84, 85, 89, 103, 107, 148f.
General Elektric 18, 28, 154
Gesamtkapitalrendite (ROA) 27
Geschäftserfolg 143, 165, 169
- universellen Gesetze des 117
- Grundprinzipien 105

Stichwortverzeichnis

Geschäftsmodell 96, 101
Geschäftspriorität 84f, 123, 133, 153, 143, 151, 175
Geschäftssinn 81, 82
Geschäftsverstand 84, 91, 175
- gesunder 82
Gewinnmarge 27, 45f., 59, 72, 86, 96, 97, 105, 112, 155, 166, 168, 169
Gewinnspanne 85, 88, 106, 109, 110, 120, 155, 156, 158, 159
GM 86, *99*
Grove, Andy 124, 126
Grundprinzipien, geschäftliche 87

H
Holliday, Chad 19
Honeywell 103, 104

I
IBM 83,
Idei, Nobuyuki 18
Inkonsistenz 96, 106
Intel 55, 124, 125, 126

J
Jobs, Steve 83

K
Kapitaldienst 51
Kernelemente 19, 20, 30, 32f., 44, 54, 56, 70,
- Cash-Generierung 25, 33, 58
- Geschäftserfolg 92, 108
- Gewinnmarge 27, 45, 59
- Kunden 28, 61f.,
- Rendite 27, 40
- Umschlaggeschwindigkeit 49
- Wachstum 53
- Zusammenhänge 68
KGV 98f., 101, 110
Kmart 62, 86, 121
Komplexität 87, 107, 155, 165, 169f., 170
Konsistenz 97, 106
Kunden 28, 61f., 87, 88, 90, 91, 109, 112, 146, 155, 165
Kundenbindung 110
Kundenzufriedenheit 86, 110, 111, 160

Kurs/Gewinn-Verhältnis
(KGV) 95, 156
Kwik-Fit 61

L

Lewis, David L.
Lockhead Martin 89

M

Mandl, Alex 55
Marge(n) 85, 90, 111
Marktvorteil 85
Marietta, Martin 89
Martinez, Arthur 65
McDonald's 39
Menschenverstand, gesunder/n 121, 172
Merrill Lynch 77
Michael Dell 88
Microsoft 55
Miller Brewing Company 37
Montgomery Ward 34
Moor, Gordon 124

N

Nasser, Jac 18, 19, 21, 60, 63, 85, 110, 112
Nike 60

Nokia 18, 55
Nordstrom 103
Notenbank, amerikanische 83
Noyce, Bob 124

O

Ollila Jorma 18
Oracle 55

P

Patt & Whitney 51
Pepsi 97, 102
Perot, Ross 154
Philip Morris 37
Profitabilität 93, 100, 101, 106

R

Reagan, Ronald 88
Reed, John 19
Reitzle, Wolfgang 123
Rendite(n) 27, 40f., 42, 73, 96, 97, 102, 106, 109, 112, 134, 135, 155, 165, 166, 169
Rentabilität 86, 89
Return on Assets (ROA) 27, 41, 47

Return on Equity (ROE) 47
Return on Investment (ROI) 47
Roebuck 59
Rot, David 62
Royal Bank of Canada 19

S
S&P 500 155
S&P-500-Index 106
S&P-500-Unternehmen 110
Schwerpunktbildung 171f
Sears 59, 65, 100
SEC 77
Shareholder Value 54
Shareholder Value Addes (SVA) 54
Silodenken 22, 23, 166, 169
Sony 18
Standard & Poor 500 99
Starbuchs 121
Straßenhändler 17f., 24f., 27, 28, 33, 42
Straßenverkäufer 81, 90, 91, 118, 144, 155, 166, 174

Synchronisation 143, 144, 147, 153
Synchronisieren 175
Synergien 105
Synergievorteile 106

T
Target 66
Teligent 55
Tyco 105

U
DuPont 19
Umschlaggeschwindigkeit 42f., 72, 85, 86, 90, 96, 97, 102, 105, 106, 109, 110, 111, 112, 120, 155, 166, 168, 169
United Technologies 39, 51
Universelle Gesetzte 44
Umschlaggeschwindigkeit 42f

V
Vanguard 103
Verantwortungsbewusstsein 160
Vermögenswerte 40

Volatilität 96
Volkswagen 324
Voraussagbarkeit 97, 106

W
Wachstum 53, 71, 85, 86, 89, 96, 101, 102, 105, 106, 107, 109, 112, 119, 121, 126, 138, 144, 155, 156, 158, 159, 160, 165, 166, 168
Wachstumssteigerung 93, 111
Wal-Mart 43, 62, 66, 86, 91, 100, 107, 145f.
Walton, Sam 59, 62, 120, 121, 145f.
Welch, Jack 18, 19, 52, 68, 84, 88, 89, 108, 130f., 153
Wertschöpfung 95f., 167
Wertschöpfungsbeitrag 89, 90
Westinghouse 108,
Wozniak, Steve 83

X
Xerox 83